그래서 여자는 아프다

그래서 여자는 아프다
ⓒ유은정 2012

초판 1쇄 발행일 2012년 1월 20일

지 은 이 유은정
펴 낸 이 이정원

출판책임 박성규
편집책임 선우미정
편집진행 이은
디 자 인 정정은 · 김지연 · 김진선
마 케 팅 석철호 · 나다연 · 도한나
경영지원 김은주 · 박혜정
관   리 구법모 · 엄철용
제   작 이수현

펴 낸 곳 도서출판 들녘
등록일자 1987년 12월 12일
등록번호 10-156
주   소 경기도 파주시 교하읍 문발리 출판문화정보산업단지 513-9
전   화 마케팅 031-955-7374 편집 031-955-7381
팩시밀리 031-955-7393
홈페이지 www.ddd21.co.kr

ISBN 978-89-7527-991-1(13800)

값은 뒤표지에 있습니다. 잘못된 책은 구입하신 곳에서 바꿔드립니다.

그래서 여자는 아프다

먹고/사랑하고/행복하라

마음건강주치의 유은정,
다이어트의 상처를 치유하다

정신과전문의 유은정 지음

들녘

생의 한가운데 서길 원하는 당신에게

_____ 님께

_____ 드림

| 저자의 말

토닥토닥, 힘내요
우리……여자!

나는 정신과의사이자 비만클리닉 전문의이다.
하루에 만나는 상담자가 대략 열 명쯤. 대부분 여성들이다. '여자는 평생 다이어트한다'는 말을 실감할 만큼 나를 찾는 분들의 연령 폭도 매우 넓다. 엄마 손에 끌려 온 소아비만 어린이, 학업 스트레스로 엄마와 싸우는 중고등학생, 외모와 체중에 가장 민감한 환경에 노출된 대학생, 지친 일상에 허덕이다가 주말만 되면 폭식을 일삼는 사회초년생, 아이를 출산한 뒤 산후비만으로 고통 받는 여성들, 예전과 다른 자신의 몸매에 거울을 멀리하게 되는 사십대 여성, 사춘기 자녀와 불꽃 튀는 전쟁을 치루는 갱년기 여성들, '빈 둥지 증후군'을 앓는 육십대 어머님들, "이 나이에 웬 다이어트?"를 되묻는 어르신에 이르기까지……그러고 보면 정말 여자의 일생은 평생 '다이어트와의 싸움'인 모양이다.

내담자의 가장 큰 관심은 물론 몸무게의 증감이다. 특히 치료 초창기에 더하다. 그들은 너나 할 것 없이 몸무게 1킬로그램에 민감하다. 아니, 단 몇 백 그램에도 민감하다. 하지만 일주일, 이

주일 지나면서 조금씩 달라진다. 몸무게보다 일상의 소감을 더 친밀하게 나누게 된다. 식사일기나 다이어트일기를 같이 살피면서 오늘 무엇을 먹었는지, 어디에 가서 누굴 만났는지, 기분이 어땠는지 하는 사소한 것들을 공유하는 덕이다. 그들이 발길을 돌리기 전까지는 아마도 내가 자신을 가장 많이 알고 이해해주는 사람 중 하나일 것이다. 비만클리닉의 매력은 바로 이것이다. 사람을 객관화시키는 나이와 키, 체중, 신체질량지수 등 몇 가지 숫자를 털어버리고 나면 비로소 한 사람이 보이는 것, 그의 몸과 마음을 깊이 알게 될수록 더욱더 많이 도와줄 부분이 생긴다는 것.

다이어트 기간이 여성들을 힘들게 하는 고통의 시간이 되어서는 안 된다. 그동안 외부로 빼앗겼던 심리적 에너지를 나에게 쏟아 붓는 치유의 시간이자 나의 아이덴티티를 다시 찾아내는 행복한 발견의 시간이 되어야 한다. 그·럴·수·있·다! 내담자들은 치료를 시작하는 순간부터 하루 종일 '나'에 집중하게 된다. 내가 먹는 것을 내 눈으로 관찰하고, 내 몸 구석구석을 돌본다. 그 누구도 아닌 나 자신을 위해 먹고 생각하고 생활한다. 신선한 에너지를 공급하고, 가장 좋은 식자재를 찾아 입 안에 넣어주고, 내 몸이라는 멋진 기계가 자연의 법칙에 따라 움직이게끔 끊임없이 관심을 갖고, 좋은 사람을 만나고, 아름다운 이야기를 나누고, 매 시간을 즐기며 감사하고……. 다이어트는 이런 시간 후에 따라오는 보너스다.

이 책은 '다이어트'라는 화두를 가지고 나를 찾아 온 두 여성의 이야기를 기록한 것이다. 다이어트에 목숨을 건 이십대 미혼 여성 A는 사랑과 일이라는 인생의 숙제 앞에서 도대체 어디로 흘러가야 할지 몰라 서성이고 있다. 중년 여성 B는 인생이라는 그림을 중간 점검하고 마무리를 준비하는 시점에서 자존감과 인생의 멋을 찾고 싶지만 방법을 모른다. 둘 다 지쳐 있고, 인생의 무게 앞에서 당황하고 있다. 하지만 두 사람은 마침내 나를 찾아가는 여행을 떠나기로 마음먹는다. 어느 누구도 피해가지 못하는 인생의 주제인 "사랑, 가족, 섹스, 대인관계, 휴식, 취미, 놀이, 결혼, 자녀 양육, 부부문제, 돈, 행복, 친구, 죽음"에 대한 진지한 대화를 통해, 처음에는 눈에 가장 잘 보이는 '몸'에 천착했다가 그 후에는 자연스럽게 '마음'에 닻을 내리는 과정을 통해서. 나의 방문을 처음 열고 들어설 때는 마음 다친 딸이고 엄마였지만, 가벼운 발걸음으로 문을 닫고 나가는 지금, 그들은 행복한 '여자'다.

비만스트레스 전문의로 일한 지 12년. 내담자들의 환희와 절망을 끌어안고 함께 웃고 울면서 지낸 세월이 딱 그만큼이다. 그동안 나는 이십대의 수련기를 거쳐 삼십대의 애송이 전문의로, 그리고 사십 줄에 들어선 이제야 겨우 '뭘 좀 아는' 진짜 전문의가 되었다. 그리고 '그동안' 정말 고맙게도 정신과 상담의 문턱도 많이 낮아졌다. 함께 고민하는 우리 동료들이 노력한 덕분이다. 나는 앞으로도 사람의 마음을 가장 중요하게 생각하는 의사로 살고 싶다. 과학적인 처방전보다 내담자의 눈물 한 방울과 웃음 한 조각을 더 중요하게 여기는 그런 조력자이고 싶다.

나를 찾아와 자신만의 이야기들을 조심스럽게 꺼내어 주셨던 많은 분들에게 이 자리를 빌어 감사드린다. 특히 이 책이 나오기까지 나를 믿고 자신의 이야기를 기꺼이 오픈해주신 분들, 나와 함께 생각과 고민을 나누면서 힘이 되어준 동료들, 좋은 자료를 추천해주신 여러 지인들께 감사드린다. 그러나 무엇보다 '여자'라는 인생을 사랑과 희생으로 풀어내신 고마우신 나의 어머니께 감사드리고 싶다.

우리 모두 인생이라는 긴 터널을 지나가는 여행자다. 모든 일이 그렇듯이 우리가 지나는 이 터널에도 빈드시 끝이 있게 마련이다. 다만 나에게는 그리고 당신에게는, 그 터널을 함께 지나가줄 마음 따뜻하고 속 깊은 친구가 필요할 뿐이다. 나는 당신에게 그런 친구가 되고 싶다.

2012년 1월
자유로운 새벽, 삼성동 서재에서
유은정

CONTENTS

저자의 말 토닥토닥, 힘내요. 우리……여자! • 6
화요일의 여자 'A'의 X-file • 14
목요일의 여자 'B'의 X-file • 17

그녀 A | 1st session
첫 만남, 내겐 너무 가벼운 당신 • 22
Self Test : 다이어트 중독

그녀 B | 1st session
젊음과 함께 사라진 44사이즈 • 37
지식처방 : 똑똑하게 살빼기

그녀 A | 2nd session
많이 먹어도 살찌지 않는 착한 여자 • 54
독서처방 : 착한여자는 왜 살찔까?
Self Test : 착한여자 테스트

그녀 B | 2nd session
위로푸드 • 나를 행복하게 하는 것 • 67
독서처방 : 내몸 다이어트 설명서

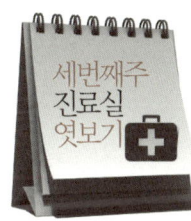

그녀 A | 3rd session
쉬는 법을 잊어버린 그대에게 • 80
Self Test : 우울증

그녀 B | 3rd session
인생의 2막, 아이들을 놓아주어라 • 94
독서처방 : 엄마가 아이를 아프게 한다

그녀 A | 4th session
지킬앤하이드 · 그녀의 이중생활 • 108
목욕처방 : 내 발가락이 이렇게 생겼구나!

그녀 B | 4th session
돈보다 격이 있는 삶 • 119
달콤한 인생을 위한 Tip
음악처방 : 10월의 어느 멋진 날에

그녀 A | 5th session
엄마는 영원한 숙제 • 132
공연처방: 맘마미아

그녀 B | 5th session
하비효과·나를 위해 살아도 괜찮아 • 143
달콤한 인생을 위한 Tip
MBTI 성격검사란?

그녀 A | 6th session
고양이과, 개과? • 158
독서처방: 아프니까 청춘이다

그녀 B | 6th session
남편의 여자 • 170
영화처방: 아내가 결혼했다

그녀 A | 7th session
이별의 주인도 결국 우리 • 188
영화처방 : 봄날은 간다
달콤한 인생을 위한 Tip

그녀 B | 7th session
예전에도, 지금도, 앞으로도 '나' • 203
영화처방 : 써니
달콤한 인생을 위한 Tip

그녀 A | 8th session
가만히 있어도 괜찮아 • 218
독서처방 : 노는 만큼 성공한다

그녀 B | 8th session
나의 장례식을 그려보자 • 229
독서처방 : 죽을 때 후회하는 25가지

화요일의 여자 'A'의 X-file

나이 : 28세

키 : 165cm

체중 : 48kg

학력 : 서울 E여대 무역학과 졸업

연수 : 캐나다 밴쿠버 SFU 어학연수

자격증 : TEFL교사 자격증, 운전면허1종, MOS(Expert) 자격증

취미 : 없음

직업 : 마케터(S전자 동아시아 교역팀 마케팅2부 대리)

여신이 되고 싶은, 여신이어야 하는!

나는 욕심이 좀 많은 편이다. 학벌도 좋고 직장도 좋다. 남들이 부러워하는 짱짱한 스펙의 소유자다. 게다가 예쁘고 날씬하다 (남들이 그렇게 말한다)! 문제는 내가 만족할 줄 모른다는 것. 나는 섹시한 쇄골 만들기를 목표로 끊임없이 다이어트를 하고, 더 좋은 직장으로 이직하기 위해 주기적으로 이력서를 새로 쓴다. 그래서 늘 '요새 살찐 거 같지?' 아니면 '스펙을 더 쌓아야겠지?' 등의 불안에 시달린다. 한 마디로 나는 외모에도 스펙에도 불만이 많다. 언제나 2% 부족하다고 느낀다. 덕분에 마음 편할 날이 없다. 일상의 날들이 '시험 치르기 30분 전' 상황처럼 느껴진다. 언제나!

 어려서부터 엄마의 기대를 한 몸에 받고 자랐다. 누구에게나 인정받으려고 노력하는 동안 나도 모르는 사이 '완벽한 알파걸'이자 '착한 여자'의 전형이 되어버렸다. 엄하고 잔소리 많은 엄마 때문에 사춘기 시절엔 갈등도 많았다. 나와 엄마의 관계? 별로 살갑지 않다. 친구들이 자기 엄마 팔짱 끼고 백화점 가고 마트 가고 그러는 거 보면 이따금 눈물이 난다. 하지만 겉으로 보기엔 울 엄마 역시 내게 무한애정을 쏟는 엄마이고 난 분명 엄친딸이다. 그런데도 난 여전히 애정을 갈구한다. 언제 어디서나 결핍을 느끼고 자꾸 외롭다. 반대급부인지 타인에게 집착이 강하다.

 하지만 막상 연애를 할 때면 난 늘 루저^{loser}의 역할을 떠맡는다. 잘난 남자에게는 왠지 모르게 주눅이 들고, 마음에도 없던 엉뚱한 남자에게 퐁 빠지곤 하니까. 또 현실에 없을 법한 연애 상황을 꿈꾸며 상처만 쌓았다. 아무리 봐도 난 '완벽한 여자 이자 착한 여자' 콤플렉스가 대단한가 보다. 절대 'No!'라고 말하지 못하니까. '내가 거절하면 저 남자가 무안해질 텐데!' 하는 생각에 관계를 쉽게 허락하는 편이다. 그런데도 나는 결국 늘 혼자. 집에서는 애인 하나 없어 보이는 나에게 "네가 빠질 데가 어디 있느냐?"면서 조건 좋고 집안 좋은 남자들의 신상을 줄

줄이 들이밀지만 마음이 쉬 동하지 않는다. 나보다 약간 부족한 사람을 만나서 그 부족함을 채워줄 때만 행복한 걸 어떻게 설명해야 하나?

　나는 매력적인 얼굴과 날씬한 몸매, 좋은 스펙이 인생에서 우위를 점하는 필요충분조건이라고 믿는다. 그래서 언제나 '여신의 자세를 갖춘 착하고 완벽한 여자'가 되기 위해 노력한다. 남 보기엔 멀쩡한 몸을 닦달하는 것도 그런 탓이다. 1kg만 더, 쓸모없는 1kg 빼버려야지……하면서 끊임없이 몸무게를 관리한다. 결국 뭇 여성들의 시샘 섞인 부러움과 남자들의 노골적인 관심을 덤으로 얻었다. 하지만 나에겐 말 못할 비밀이 있다…….

목요일의 여자 'B'의 X-file

나이 : 49세

키 : 155cm

체중 : 65kg

학력 : 4년제 국립대학 영문과 수석 졸업

직업 : 현재 전업주부
　　　전 KBC 강원 방송 보도국 기자

시든 꽃 같은 내 인생

지방 국립대를 좋은 성적으로 졸업하고, 가까운 방송국에서 잠깐 동안 기자 생활을 했다. 하지만 취재하러 갔던 모 기업에서 지금 남편을 만나 5년 연애 끝에 결혼, 그 이후 전업주부로 살고 있다. 슬하에 대학 졸업을 앞둔 딸과 군입대한 아들이 있다. 남편은 이제 이사로 승진했고, 먹고 사는 데 전혀 지장이 없다. 그는 여전히 바쁘고 여전히 나를 "아끼고 사랑한다"고 말한다.

아들의 빈방은 외면한 채, 딸과 남편을 기다린다. 몇 시쯤 들어 오냐고 전화하는 건 집어치운 지 오래. 홀로 TV를 보면서 군것질을 한다. 기다리다 보면 언젠가는 오겠지. 아니면 소파에서 내가 먼저 잠들어 버리든가! 처녀 적엔 '저 남자랑 결혼하면 인생의 외로움 끝!'이라고 생각했는데, 남편이 있어도 애가 하나 둘 생겨도, 화초에 강아지까지 키워도 외롭긴 마찬가지다.

거실 벽에 걸린 TV 모니터에 오뚝이를 닮은 웬 여인네가 보인다. 화들짝 놀란다. 저게 나다! 살이 찔 정도로 많이 먹는 것도 아닌데 나이 들면서 어느 새 사이즈가 77이 되어버렸다. 이젠 어떤 옷을 입어도 그럴듯해 보이지 않는다. 55사이즈만 입던 처녀시절은 기억에서조차 가물가물하다. 당당한 외모에 주변 사람들이 부러움의 시선을 주곤 했는데! 하지만 아이 둘 낳아 기르다 보니, 그러느라 집 안에 꽁꽁 박혀 살림만 하다보니, 어느새 볼품없는 오십이 다 됐다.

어느 날, 파우더룸에 앉아 거울을 보는데 문득 눈물이 났다. 시들시들 생기라곤 찾아볼 수 없는 얼굴, 건조한 피부, 늘어난 주름……앞으로 점점 더 늙어갈 텐데. 이렇게 늙다가, 이렇게 에너지가 다 빠지다가 죽는 건가? 왠지 모르게 두렵다. 아직 하고 싶은 일도 많고, 할 일도 많은데……. 안 되겠다. 작은 것부터 바꿔보자. 일단 나부터!

결혼 후, 정말 간만에 나만을 위한 결정을 내린다. 화장대 서랍을 열어 구석에 처박아 두었던 명함을 꺼냈다. 예전에 친구에게서 소개받은 비만 클리닉 닥터의 명함이다. '스트레스 전문의'라는 문구가 눈에 확 들어온다.

 오랜만에 갖춰 입고 병원에 갔다. 옷이 자꾸 따로 노는 것 같아 불편하다. 접수를 마치고 대기실에 앉았다. 원 세상에. 별로 뚱뚱하지도 않은 사람 서너 명이 진을 치고 있다. 저들은 대체 여긴 왜 온 거지? 간호사가 내 이름을 부르면서 체지방을 측정하자고 한다. 주춤주춤 일어서 간호사를 따라 가는데 뒤끝이 자꾸 후끈거린다…….

H E A L I N G

D I E T

첫번째주
진료실
엿보기

첫 만남, 내겐 너무 가벼운 당신

오후 진료 첫 상담. 상담실 문을 열고 들어서는 20대 후반의 'A'. 그녀의 첫인상은 평균 이상의 외모에 약간 차도녀(차가운 도시 여자) 이미지였다. 상담 전 체성분 분석기를 이용해 측정한 그녀의 신체검사결과는 몸무게 48kg, 체지방 25%로 모두가 부러워할 만한 수치였다. 그런 여자가 살을 빼고 싶다고 내 앞에 앉아 있다. A는 처음에는 주저하는 것처럼 보였지만, 이내 자신이 이 의자에 앉아 있는 이유가 무엇인지 똑부러지게 말했다.

"살 안 찌게 해주세요. 폭식증 때문에 미쳐버리겠어요."

비만·스트레스 전문병원을 하다 보니 대기실에는 젊은 여성이 대부분이다. 어떤 환자는 진료실에 들어와 묻는다. '도대체 방금 나간 저 여자는 왜 왔어요? 젊고 날씬하기까지 한데……' 라고.

정말 폭식증인가요?

비만치료와 심리치료를 병행하고 있기 때문에 제삼자의 눈으로 보면 '왜 이 병원에 왔지?' 하고 이해하지 못할 내담자들이 대부분이다. 심지어 젊고 날씬한 여자가 폭식증 환자라니. 폭식증은 환자의 가족도 이해하지 못하는 경우가 많다. 폭식증 환자들의 공통점은 진료실에서 상담을 위해 마주 앉으면, 본인이 정말 폭식증 환자가 맞냐는 질문을 한다는 것이다. 그들은 나에게 어떤 대답을 원하는 걸까?

네. 당신은 폭식증 환자입니다.
아니요. 폭식증은 아니니 걱정하지 마세요.

여러 해 동안 이런 환자들을 만나다 보니, 그들의 심리를 크게 두 가지로 분류할 수 있게 되었다.

첫째는 '선생님, 제발 저에게 정상이라고 말해주세요. 폭식증이 아니라고 말해주세요.'

둘째는 '폭식증이든 아니든, 먹는 것 하나도 조절하지 못하는 부끄러운 나 자신이 싫어요. 어떻게 좀 해주세요'

이 두 가지 심리는 서로 반대인 것처럼 보이지만, 사실은 같은 내용이다. 동전의 양면이 서로 등을 지고 있지만 결국은 한 덩어리인 것처럼. 그러니 어떤 심리상태로 물었든, 내가 해줄 수 있는 일도 한 가지다.

폭식증은 몸과 마음을 모두 망가지게 하는 위험하고도 괴로운 병이다. 겉으로는 정상적으로 보이는 사람이 대부분이라는 점 때문에 더욱 위험하다. 스트레스를 받거나, 화가 나거나, 힘이 들 때. 언제 그런 증상이 생기는지 알면서도 대처하기 힘든 병이다. 화가 난 채로 음식을 입에 마구 밀어 넣는 모습에 스스로 괴로워하며 '음식 하나 조절하지 못하는 동물 같은' 자신을 탓한다. 점점 몸은 불어날 것이고, 마음은 병들어 헤어나오려는 생각조차 못하게 될지도 모른다.

자신이 폭식증 환자라고 말하며 우울한 표정을 짓는 A. 설령 진짜 폭식증 환자라 해도, 자신의 상태를 이상하다고 느끼고, 해결하고자 병원에 찾아왔다는 것 자체가 희망적이다. A가 본인 입으로 '폭식증'이라는 진단을 내린 후에도 나는 폭식증에 대해 묻지 않았다. 어떤 내담자가 찾아오든, 짧은 시간이지만 나를 찾아온 이유를 잊도록 다른 화제로 대화를 나눈다. 특별한 이유는 없다. 굳이 말하자면 내담자들에게 그렇게 다가갔을 때, 그렇지 않은 경우보다 마음을 쉽게 열어주었기 때문이다. 그렇다고 마냥 티타임만 가질 수는 없는 일.

완벽하고 싶은 그녀

"자신을 폭식증 환자라고 생각하는 이유가 뭐죠? 예를 들어서 설명해보세요."
"……먹기 시작하면 멈추질 못한다는 거?"

열이면 열, 모두 같은 대답을 한다. 안 되는 줄 알면서도 먹고, 먹기 시작하면 멈추지를 못하고, 그 모습에 화가 난다는 것. 폭식증이 시작되는 원인과 증상도 대부분 비슷하다. 이들은 남들한테 먹는 모습을 들키지 않으려고 혼자 숨어서 먹기도 한다. 먹고 나서 늘 후회하지만 먹고 싶은 충동을 참을 수가 없다. 먹는 음식과 다이어트에 대한 생각으로 하루 종일 머리가 아플 지경이다. 이를 만회하려는 듯 이뇨제를 복용하거나 억지로 구토하는 경우도 있다. 보통 사람들은 아무런 문제 없이 잘만 먹고 사는데, 다이어트에 얽매여 사는 사람은 그로 인해 받는 스트레스 때문에 정상적인 일상생활을 하지 못할 정도다. 남자친구와 무슨 일만 있으면 '내가 뚱뚱하다고 무시하는 건가?'라면서 근거도 없는 열등감에 사로잡히게 되고, 누군가 예쁘다고 칭찬해주어도 곧이곧대로 듣지 못한다. 주변에서도 몸매가 별로라거나 뚱뚱하다고 말하는 사람도 없는데 왜 이런 피해의식에 빠져 사는 건지. 안 겪어본 사람은 도무지 이해할 수 없을 것이다.

"누구한테도 말하기 힘들었어요. 그냥 놔두자니 미쳐버릴 것 같아서 찾아 왔어요……."

A는 대학에 입학 후로 계속해서 다이어트에 매달렸다. 처음에는 입시 준비를 하면서 붙은 살을 빼기 위해서였다. 원래 40kg 중반이었던 몸무게가 수능이 끝난 뒤에는 50kg을 훌쩍 넘어있었다. 예전 체중까지는 아니더라도, 그저 몸무게의 앞자리를 '4'로 만들기만 해도 좋을 것 같았다. 그렇게 시작한 다이어트. 처음에는 별 무리 없이 살이 빠졌고, 굉장한 성취감을 느꼈다. 성취감만 느꼈더라면 A가 폭식증이나 '다이어트 강박증'에 시달리는 일은 없었을 것이다. 무엇이 그녀를 다이어트의 노예로 만들었을까? 그 후로 A는 체중이 많이 나가든, 적게 나가든 언제나 '다이어트'라는 스트레스를 안고 살게 되었다.

병원을 찾는 사람은 거의 여성이었지만, 나이와 직업은 참으로 다양했다. 20대 아가씨부터 50대 갱년기 여성까지, 패션모델부터 음식점 사장까지. 그렇게 다양한 사람들이 들고 오는 고민은 하나같이 '살'이었다. 다. 이. 어. 트.

나는 몇 년 동안 비만클리닉의 원장으로서 날씬한데도 살을 빼고 싶어 하고, 많이 먹지 않으면서 먹는 것을 두려워하는 사람들을 많이 만나왔다. 쾌활하고 대화 나누기를 좋아하는 성격

덕에, 환자들은 다이어트에 마음의 치료까지 덤으로 얻어갔고 그 입소문으로 클리닉은 문전성시를 이루었다. 물론 아무리 상담을 하고, 처방을 해주어도 살이 빠지지 않는 환자들도 있었다. 하지만 그들 중 대부분은 일 년이 넘게 나를 찾아왔다. 젊은 여의사의 패기였는지, 궁금한 것은 못 참는 성격 때문인지 직설적으로 이렇게 묻기도 했다.

"살이 빠지지 않는데 왜 오세요?"

이 질문을 받은 몇몇 사람들은 대부분 처음에는 자기도 왜 그런지 모르겠다는 듯 멍한 표정을 짓는다. 잠시 생각해보고는 이유를 알았다는 듯 대답한다.

"처음엔 살 뺄 생각으로만 왔는데, 선생님한테 인생 상담도 하고 이것저것 털어놓고 가면 마음이 편해져서요. 가끔 병원 문을 나서면서 '나 정도면 뭐……' 하는 생각까지 든다니까요."

나 역시 돌이켜보면 정신과 레지던트를 시절만 해도 인생의 여러 고비를 꾸역꾸역 넘어왔다. 정신과를 전공하면서도, 정작 내 마음을 온전하게 들여다볼 여유가 없었다. 마땅히 믿고 마음을 털어놓을 상대가 없었던 것도 문제였다. 그 무렵, 정신과 수련 과정 가운데 치료자 스스로가 자신의 문제를 인식하고 해결할 줄 알아야 한다는 목적으로 만들어진 프로그램이 있어서 참여해봤다. 장소는 수도권 어딘가에 있는 이름 난 병원이었다. 하지만 나는 그런 기회조차 활용하지 못했다. 퇴근 후 찾아간 탓에 지쳐서 몇 마디 말도 해보지 못한 채 병원 문을 나섰다. 내

딴에는 큰돈을 지불하고 나오면서 '내가 지금 이 짓을 왜 하지?'라는 생각이 들었다. 겨우 허탈한 마음을 달래며 집으로 돌아왔다. 교회에 한창 몰입했던 시절에는 당시 내 고민이었던 병원 개업, 결혼 문제 등으로 유명한 목사님을 여럿 찾아가 조언을 구한 적도 있다. 하지만 오히려 내가 처해 있는 특수하다면 특수한 상황을 너무 몰라주시는 것 같아 되려 속상해졌던 기억도 있다. 오죽 답답했으면 동료 의사와 무속인을 찾아간 적도 있었다. 그곳에서는 더 답답한 대답을 얻고, 나오자마자 제일 먼저 눈에 띈 포장마차로 들어가 술잔을 기울였다.

    겉으로는 남부러울 것 없는 외모에 스펙을 가진 A. 누군가에게는 동경의 대상이 될 만한 여자. 그런 그녀가 매일 아침, 저녁으로 체중을 재며 스트레스를 받을 거라고 누가 상상이나 했을까? 털어놓을 곳도 없고, 털어놓는 방법도 모른 채로 그렇게 숫자 하나에 기뻐하고, 실망하며 감정을 소모했다.

    A의 현재 체중은 48kg, 55사이즈. 무의식적으로 50kg는 넘지 않아야 한다는 생각에 간신히 유지하고 있는 상황이었다. 그녀는 입버릇처럼 말을 했다. 한국 여자의 로망은 44사이즈라고. 객관적으로 볼 때, 괜찮은 정도가 아니라 완벽에 가까운 몸매인데도 왜 정작 본인은 살을 빼야한다고 생각하는 걸까?

    역시 나는 냉정한 사람이 못 되는 것 같다. 45kg가 되고 싶은 환자가 오면 그렇게 만들어주면 그만인 것을, 약을 처방해주는 대신 '왜 50kg를 넘기지 않아야 한다고 생각하죠?'라는 질문을 먼저 던지니 말이다.

왜 정신과 의사가 비만클리닉의 의사가 되었느냐는 질문도 많이 받았다. 당시에는 딱히 이유가 없었지만 10여 년이 지난 지금 돌이켜보면, 이 길을 선택하길 참 잘했다는 생각이 든다. 내가 비만클리닉을 처음 열었던 2001년에는 서울 내 비만클리닉이 단 한군데도 없었다. 처음 비만클리닉을 열었던 곳은 마포에 있는 작은 오피스텔. 외관은 비만클리닉이었지만, 사실상 진료실에서는 전문 신경정신과 못지않게 심도 깊은 상담이 이루어졌다. 당시 수많은 내담자들을 만나면서 비만, 스트레스, 그리고 정신건강은 떼려야 뗄 수 없는 관계라는 것을 피부로 느꼈다. 먹는 것에 집착하거나, 살찌는 것을 두려워하거나, 날씬한데도 다이어트에 중독되어 있는 사람들을 보며 진짜 문제는 몸이 아니라 '마음'이라는 것을 깨달은 것이다.

"A 씨는 폭식증세도 있지만, 다이어트 중독에 더 가까운 것 같아요. 체중에 지나치게 민감하고, 살찔까봐 항상 불안하죠?"

자기 존재의 가치를 충분히 느끼지 못하는 사람들은 특히 외적 요소로 자신을 평가하려 든다. 가장 쉽게 눈으로 확인할 수 있는 것이 바로 '체중'. 숫자로 된 체중은 눈으로 확인할 수 있는 가장 쉬운 기준이다. 젊다는 것 하나로도 충분히 아름다운 나이에 '다이어트 강박증'으로 인해 자신의 아름다움을 보지 못하게 막는 장애물이기도 하다.

'외모 콤플렉스' 때문에 성형수술을 한 사람들 중, 정말 수술이 필요했던 사람은 10%도 채 되지 않는다는 보고가 있다. '외모 콤플렉스'나 '다이어트 강박증'의 원인이 자신 안에 있는 사람은 몇이나 될까? 대부분 '남들에게 보이는 내 모습'에 초점을 맞추다보니, 아름다워지려는 욕구가 순수하게 자기 안에서 샘솟는 경우는 흔치 않다. 특히 외모나 학벌이 사람을 판단하는 잣대가 되는 지금의 사회 속에서, 자기 자신을 오롯이 사랑하는 사람도 찾기 힘들다. 이런 상태가 계속 되면, 자신감이 점점 사라지고, 외적 요소 이외의 장점은 무시하게 된다. 결국 자기비하와 더불어, 극단적으로는 자신을 망가뜨리는 경우까지 생긴다. 바로 '자기파괴적행동 Self Destructive Behavior'에 빠지게 되는 것이다. 이를테면, 초저열량 다이어트, 반복적인 성형수술, 무분별한 성관계 등을 하며 자신의 가치를 바닥에 내던지는 경우이다.

자연스러운 모습으로도 주변 사람에게 행복을 줄 수 있는 존재라는 것을 모르고, '결핍'된 모습만을 확대해석해, 자신의 '가치' 자체를 느끼지 못하게 된 것이다.

결핍에 가려진 그녀의 진가

"선생님은 날씬하니까 이런 기분 잘 모르시죠?"
"……"

A에게 이 질문을 듣고 바로 답하지 못했지만, 그녀의 마음을 충분히 이해할 수 있었다. 지금은 빼빼 말라보이지만, 나 역시 '외모 콤플렉스'에 시달렸던 적이 있기 때문이다. 의과대학을 다니던 20대. 5월이 다 되도록 내복을 입고 다녔다. 새벽에 학교에 들어가, 밤늦게, 혹은 자정을 넘긴 뒤에야 나오는 생활을 했기 때문이다. 새벽의 차가운 공기에 맞서기 위해 날씬한 옷맵시 따위는 저 멀리 안드로메다로 날려버린 지 오래. 캠퍼스를 돌아다니는 미대생들의 하늘거리는 봄 원피스, 무용과 학생들의 날씬한 몸매를 보면 여자인 나도 자연스럽게 눈길이 가곤 했었다. 특히 시험기간에는 급격히 증가한 스트레스를 풀기 위해 식빵을 물어뜯으며 밤을 샜다. 사실 스트레스를 풀기 위해서라기보다, 잠을 깨기 위해서라는 게 더 큰 이유였다.

인턴이 되어서는 불규칙적인 생활과 야식 때문에 체중이 더욱 늘어났다. 시험 스트레스는 없었지만, 살찐 내 모습 자체가 스트레스였다. 어느 날은 신문광고를 보고 이름부터 요상한 '무슨 무슨 효소'를 말도 안 되는 가격에 산 적도 있다. 다이어트에 도움이 된다는 문구만 보고 월급의 1/3이나 되는 돈을 주고 한 박스를 샀지만, 맛이 역겨워서 1/10도 먹지 못하고 버렸었다.

내 20대는 흘러갔지만, 콤플렉스는 함께 흘러가지 않았다. 외모 콤플렉스가 사라지면서, 자연스럽게 또 다른 '결핍'에 대한 콤플렉스가 찾아왔다. 서른이 훌쩍 넘어선 나이, 길을 가다가 따뜻한 불빛이 새어나오는 가정집 창문을 볼 때면 발걸음이 떨어지지 않았다. 마치 단란한 가족의 저녁식사를 불쌍하게 들여다

보는 성냥팔이 소녀처럼.

'나는 뭐가 못나서 저런 가정을 꾸리지 못하고 있을까. 저 아내는 남편의 퇴근시간에 맞춰 저녁을 준비하는데 나는 이 나이에 뭐하고 있는 거지?'

당시에는 식사준비가 얼마나 귀찮은 것인지도 모르면서, 내가 가지고 있지 않은 것에만 집중하고 있었다. 정작 누리고 감사해야할 것은 외면한 채로. 창문 안의 여자가 부러워할지 모르는 '미혼의 자유'와 저녁식사 준비에 대한 걱정 없이 퇴근하는 여자의 여유를 가졌는데도 말이다! 하지만 그런 것이 내 눈에 보일 리 없었다. 그저 결혼한 사람의 생활과 그들이 이룬 단란한 가정이 부럽기만 했다. 그것은 나에게 '결핍'으로 다가왔고, 그 결핍은 결국 나를 '부족'한 사람으로 느끼게 만들었다.

우울증 인지행동치료의 가장 기본은 '부정화'사고이다. 제일 흔하지만, 그만큼 쉬운 예가 바로 '반 잔의 물'이다. 잔에 담긴 물을 보고 '겨우 이것뿐'이라고 생각하는 사람과 '반이나 차 있다니!'하고 생각하는 사람의 차이. 세상을 보는 시각이 부정적인 이가, 자기 자신을 좋게 볼 리 만무하다. 특히 우리는 타인보다 스스로에게 더 가혹한 잣대를 들이밀며 점수를 짜게 준다. 스스로에게 조금 더 후하게 점수를 주어보자. 내가 먼저 좋은 점수를 주지 않는데, 누가 나에게 좋은 점수를 줄까? 왜 '충족'조건을 외면하고, 조건에 '미달'되는 것만 보며 스스로를 못살게 구는 걸까!

대한민국의 어떤 여자가 다이어트로부터 자유로울 수 있을까? 살찌는 것에 대한 두려움은 40kg대나, 70kg대나 똑같다.

"폭식증 때문에 병원에 오셨지만, 앞으로 그 외에도 여러 가지에 대해 저와 이야기를 나눌 거예요. 그리고 생각보다 많은 도움을 받으실 수 있을 거고요. 처음에는 '병원에 괜히 온 건 아닌지, 정말 좋아질 수 있을까' 하는 걱정 때문에 마음이 복잡할 수도 있어요. 이번 주에는 다른 걱정은 하지 말고, 두 가지만 꼭 지켜보세요. 처방해드리는 약을 시간에 맞춰 드시고, 식사일기를 적어오시면 돼요. 일기니까 매일 적으셔야 해요."

A에게 처방한 약에 대한 특징과 부작용, 용법 등을 설명하고 끝으로 식사일기에 대해 설명했다. 말 그대로 하루에 섭취한 음식과 식사 내용에 대해 적는 것이다. 식사일기에 대해 처방받은 내담자들 대부분은, 처음에는 낯설어하지만, 익숙해지면 꼭 해야 할 일과로 여기게 되고, 상담이 끝난 뒤에도 활용하는 경우가 많았다. 걱정하는 A에게 적다보면 익숙해질 거란 말로 상담을 마쳤다.

세련된 옷차림의 A를 배웅하면서 왠지 20대의 내가 마흔이 된 나를 찾아온 것 같은 느낌을 지울 수가 없었다. 한없이 부족해 보이는 내 자신 때문에 방황했던 시절. 지금 떠올려보면 내 인생에 다시는 없을, 싱싱한 장미꽃 같은 때였던 것 같다. 장미꽃도 다 같은 빨간 장미꽃이 아니듯, 그저 색이 조금 달랐을 뿐이다. A도 자신만의 아름다움을 깨닫고, 자신감을 찾을 수 있었으면 하는 바람이 들었다.

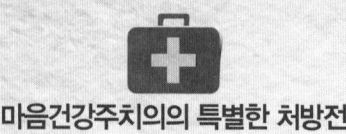

마음건강주치의의 특별한 처방전

마음건강주치의의 노트

> 의사로서 나를 찾아오는 모든 분들이 다 좋은 결과를 얻고 돌아갔으면 더할 나위 없이 좋겠지만, 그렇지 않은 경우도 종종 있다. 희한하게도, 내가 상담을 마치고 느끼는 기분에 따라 결과를 어느 정도 짐작할 수 있다. A와의 첫 번째 만남. 왠지 치료가 잘 될 것 같은 예감이 든다. 혼자 남은 상담실의 오후 3시, 따뜻한 라떼 한 잔이 그립다.

 약물처방

프로작10mg (FDA승인된 폭식증 치료제) 1T 저녁복용

마자놀0.25 (비마약성 식욕억제제) 1/4T 아침 복용

폭식증의 인지행동치료 10회 (주1회)

I 단계 | 폭식행동 없애기

- 식사일기(Food Diary) 기록 : 섭취 음식, 시간, 양을 기록한다.

  내 입으로 들어가는 음식에 대해 잘 알아야 식사습관을 바꿀 수 있다.

- 폭식 중지하기, 식사계획짜기

Ⅱ 단계 생각 바꾸기

옳지 않은 생각을 알아내어 바꾸기

자기 주장하기 – 신체상 문제 다루기 – 스트레스 다루기

건강한 다이어트

Ⅲ 단계 | 재발 방지하기

폭식이 생기는 위험을 줄이기 – 대체행동, 건강한 생활계획 세우기

악화와 재발 다루기

 Self Test 다이어트 중독

다이어트 중독인지 체크해 보세요

- ☐ 내 몸매가 늘 맘에 들지 않는다.
- ☐ 다이어트 식품과 다이어트 용품에 대한 관심이 높아 유행하는 다이어트에 대해 속속 알고 있다.
- ☐ 현재 보유하고 있는 다이어트 식품의 종류가 3가지 이상이다.
- ☐ 유행하는 다이어트를 3가지 이상 시도해 본 적이 있다.
- ☐ 다이어트를 3주 이상 지속해 본 적이 거의 없다.
- ☐ 갑자기 살이 쪘다는 생각이 들면 비만클리닉이나 단식원으로 달려가고 싶다.

- ☐ 다이어트의 가장 큰 문제점은 과도한 식욕이라고 생각한다.
- ☐ 종종 폭식하는 경향이 있다.
- ☐ 많이 먹고 나면 토하고 싶다는 생각을 해 본 적이 있다.
- ☐ 요요 현상을 3번 이상 경험해 보았다.

위 문항 중 체크된 것이 5개 이상이면 자신이 다이어트 중독은 아닌지 고민해 봐야 합니다.

목요일의여자 B

젊음과 함께 사라진 44사이즈

선생님, 정말 살이 빠질까요?

비만클리닉을 시작한 이래로 10여 년간 진료실에서 가장 많이 들었던 질문이다. 초짜시절에는 이 질문에 어떻게 대답을 해야 좋을지 무척 고민했었지만, 이제는 질문의 의도를 알기에 답은 하지 않는다. 그저 고개를 끄덕일 뿐. 내담자들이 진료실에서 나와 마주앉아 하는 질문에는 두 가지가 있다. 정말 궁금해서 답을 듣기 위한 질문, 그리고 앞에 있는 내게 질문하는 것을 가장해 자문하는 것. 첫 번째 이유로 질문하는 경우는 그리 많지 않다. 내 앞에 앉아 있는 여자가 나이가 많거나 적거나, 체격이 크거나 작거나 관계없이 한없이 여리고 약한 존재들이었다. 갓 입학한 초등학교 1학년 학생의 자기소개만큼이나 자신감이 없고, 정수리에 쥐가 날만큼 쭈뼛거린다.

진정 살이 빠질지 궁금한 게 아니다. 그들은 자신이 해낼 수 있을지, 잘 할 수 있겠는지에 대해 자문하는 것이다. 그리고 질문을 받은 의사의 반응과는 별 상관없이, 입술을 앙다물며 다짐을 한다. '그래, 할 수 있어. 있겠지? 있을 거야……'라고. 그들만의 이 긴 의식이 끝나면 그제야 내게 기회가 주어진다. 자, 준비가 되셨나요?

다 털어 놓으세요

나는 당신들이 하는 말의 뜻을 압니다. 나는 대한민국의 의지박약 아줌마다, 이거죠? 혼자서는 다이어트에 성공하지 못할 것 같다, 이거죠? 건너편에 앉은 양반이 좀 도와줘야겠소, 이거잖아요. 그래요, 그래서 내가 여기 앉아 있답니다. 남편은 은근히 눈치주고, 아이들까지 엄마는 원래 촌스러운 줄 알고. 이쯤 되면 내가 여자의사인 것이 참 다행스러운 순간이 온다. 얼마나 힘드셨나요. 우리 악수해요, 덥썩!

비만클리닉을 하면서 느낀 것은, 남녀노소를 불문하고 살은 공공의 적이라는 것이다. 비만인 초등학생부터, 칠십이 넘은 황혼까지. 나를 찾아와 하는 말들은 모두 '살.빼.줘'이다. 거의 한 가지 고민을 가지고 있는 다양한 연령대의 사람들을 만나다 보면 마치 타임머신을 타고 내 과거의 모습, 미래의 모습까지 앞뒤로 넘나드는 느낌이 든다. 특히 중년여성을 만날 때면 왠지 모르게 내 모습과 동일시할 때가 많다. 이제 중년의 문턱을 코앞에 두고 있어서인가…….(먼산, 눈물 한 방울) 나이를 불문하고 열심히 움직이고 노력해야 날씬해지고 몸도 마음도 가벼워질 텐데, 체력은 점점 약해지고 귀찮기만 하다. 찾아주는 이들도 없으니 하루 종일 집에만 있게 되고. 가끔 기분을 내고 외출을 한다한들, 만나는 사람들이라고는 다 똑같이 축축 처진 아줌마들뿐이니 활력을 얻을 곳이 없다. 그들이 내 앞에서 털어놓는 이야기들은 대부분 이렇다.

빈집에 우두커니 앉아 있으면 쓸쓸하다 못해 바보가 된 기분이 들 때가 있어요. 집에서 혼자 밥을 먹고 있으면 내가 배가 고파서 먹는 건지, 살기 위해서 먹는 건지 한심해요. 아이들 낳고 기르다 보니 처녀 때는 상상도 못했던 몸무게가 됐어요. 갱년기까지 닥쳐서 우울하기만 하고……. 누구 때문에 이렇게 된 줄도 모르고 남편이고 애들이고 살 좀 빼라고 구박해요.

내 앞에 앉아서 살을 빼러 온 건지, 자신의 신세를 소재로 '타령'을 작곡하러 온 건지 잊는 경우가 많다. 그러면 그럴수록 나에게는 도움이 되니, 부디 내 앞에 앉아 있는 순간만큼은 정신줄을 살짝 놓아주시길. 한참 타령을 듣다 보면 이 분이 살찌게 된 원인, 다이어트에 실패한 요인, 앞으로 나아가야할 방향 등을 건질 수가 있다. 40대 이후 여성들의 식사일기를 보면 세 끼를 제대로 챙기는 사람은 거의 없다. 아침은 대부분 다른 가족을 챙기느라 거르고, 점심은 혼자 먹기 싫어 어영부영 넘어가고. 그러다가 남편과 아이들이 모두 모인 저녁식사 한 끼로 하루 영양소를 다 섭취하려는 의지를 불태운다. 이러니 살이 찔 수밖에.

살찔 수밖에 없는 이유?

차트를 보면서 B에게 질문했다.

"자주 먹거나, 먹는 양이 많지는 않죠?"
"네, 맞아요! 제가 얼마나 조금 먹는데요. 하루에 한 끼, 두 끼 먹을까 말까 해요."

내가 용한 점쟁이라도 되는 양, 신기한 듯 쳐다보던 B는 '에라 모르겠다' 싶었는지, 지금까지 다이어트를 위해 얼마나 노력했는지 늘어놓았다.

"최근 몇 년 동안 에어로빅부터 다이어트 보조식품까지 안 해 본 게 없어요. 많으면 한 3kg 빠졌다가 다시 원상복구 되고. 그것도 빠진 거라고 요요현상까지 올 때면 확 불어나고. 이러니 무슨 낙이 있겠어요?"

맞는 말이다. 60대가 노인이라는 건 옛날 얘기지. 평균 수명

백세 시대라고 하는 요즘, 살아갈 날은 까마득한데, 옆에 있어줄 가족은 너무나 빨리 다른 자리를 찾아 가버렸다. 아이 양육에 남편 뒷바라지에 시간은 다 가버리고, 젊은 시절을 다 바쳐 키운 자식들은 저마다의 인생을 살아가기에 바쁘다. 그들은 곧 떠날 테고 더 이상 내 전부가 될 수 없다. 양육의 의무에서 벗어난 중년 여성들은 앞으로의 여생을 어떻게 살아가야할까 막막하기만 하다. 심지어 자식을 키웠다는 이유만으로는 자식들에게 노년을 맡길 수 없는 시대에 살고 있다.

이렇게나 복잡다단한 중년 여성의 비만치료는 단순한 체중감량이 문제가 아니다. 서서히, 때로는 급습해오는 변화들. 10대 소녀시절 이후로 생각할 여유가 없었던 '나는 누구인가'에 대한 의문. 여기에 '앞으로 어떻게 살아갈 것인가'에 대한 두려움까지 더해졌다. 이 한 문장의 고민은 '취업의 난'에 뛰어든 대학교 졸업반 학생들과 같지만 그들만큼 처절하진 않다. 하지만 이 나이에 저 한 문장을 그냥 흘려보낸다면 '처절' 대신 '처절한 우울'을 맛보게 될 것이다.

조금 더 잘 나이 드는 법, 지금까지는 힘들게 달려왔더라도 마지막은 어떻게 우아하게 걸으며 마무리할 것인지 고민하는 것. 혹자는 배부른 고민, 팔자 좋은 고민이라고 할지 모르지만, 이런 고민은 신체적인 변화가 시작되면서 꼭 준비해야 하는 것이다. 여유롭든, 여유롭지 않든. 감히 나는, 흔히 말하는 '좋은 팔자'가 아닌 사람일수록 더 고민해야 한다고 말하고 싶다.

나와의 상담도 체중감량뿐만 아니라, 이런 고민에 대한 답을 찾아가는 시간으로 활용하길 적극 권하고 싶다. 조금 더 가치 있는 시간을 보내며 나이 드는 것. 단순히 자녀가 잘된다고 내 삶이 그렇게 변하지 않는다. 다이어트에 성공한다고 해서 멋지게 늙는 것도 아니다. 더 이상 누구의 아내, 누구의 어머니가 아닌 한 인간으로서의 삶을 살아보자. 평균 연령 100세를 눈앞에 둔 지금, 인간 내면의 가장 상위에 자리하는 욕구가 바로 '가치 있는 삶에 대한 성취욕'이라는 글을 본 적이 있다. 중년 여성의 다이어트는 바로 '가치'를 되찾는 일이다.

며칠 전, 상담실에 찾아온 40대 여성 기업인과의 대화가 떠오른다.

"선생님, 저는 부를 축적하는 것에 만족하지 않아요. 저와 함께 사는 사람들, 제 기업에 몸담고 일하는 직원들 모두 다 잘되는 것까지가 목표에요.

그는 경영인 2세로서 그 책임이 얼마나 무거운지 일찌감치 깨달았다고 했다. 그런 기업에 비하면 내 병원은 작은 개인사업체에 불과하지만 나 역시 그와 비슷한 생각을 갖고 있다. 내담자 한 사람, 한 사람이 나를 믿고 털어놓는 이야기들이 얼마나 소중하고 큰 결심을 요하는 일인지 잘 안다.

상담 중 내가 권한 책을 읽고 힘들어하는 친구를 위해 선물했다는 환자의 말. 그 책, 그리고 상담 때 진심을 담아 하는 나의 모든 말들이 씨앗이 되어 많은 사람들에게 같은 감동을 전달했으면 좋겠다. 1kg 감량하고, 한 살이라도 젊어 보이려 애쓰는 것도 이해하지만, 나이를 '잘' 먹기 위해 노력하고, '가치' 있는 여생을 준비하는 것이야말로 훨씬 격이 높은 준비가 아닐까 싶다.

굶지 마세요!

"선생님, 식사일기 꼭 적어야 하나요? 헬스클럽에서도 적어 봤는데 효과를 통 모르겠어요. 칼로리 계산도 해 봤는데 살은 잘 안 빠지고……."

사실, 비만치료의 기본은 식사습관을 모니터링 하는 것이다. 스스로 하기 쉬운 일이 아니기 때문에 식사일기라는 재미 요소를 추가하는 것으로 시작하는데, 이쯤 되면 식사일기에 대한 환상이 깨진 상태기 때문에 효과도 없다. 특히 중년 여성들은 식사일기를 귀찮아하는 편이라, 의구심을 품는 사람에게는 굳이 권하지 않는다.

"우리가 할 다이어트에서는 체중 1~2kg 빼는 건 중요하지 않아요. 생활습관과 체질 자체를 살찌지 않는 쪽으로 만들려는 거니까요. 조금만 노력하면 만들 수 있어요. 그러니 칼로리 계산까지는 안 하더라도 먹은 음식 위주로만 기록해 보세요."

우리 클리닉에 찾아오는 사람들 중 '물만 먹어도 살이 찌는 체질'이라는 말은 안 하는 사람이 거의 없다. 그들의 생활 습관을 살펴보면 왜 살이 찌는지 금방 알 수 있다. 정말 아무 것도 안 하고 '물만' 먹었는데 살이 찌는 경우는 없다고 봐야 한다. 대부분의 중년 여성들은 '나는 많이 먹지 않는다'라고 강조한다. 이 점을 주목하고 그들의 생각을 바꿔줘야 한다. 살이 찌는 것은 음식섭취만 줄인다고 해결되는 일이 아니다. 다이어트 과정에서 식사만큼 중요하게 여겨야할 것이 생활·수면·운동습관이다. 내가 블로그를 운영하며 만든 닉네임을 '라이프스타일리스트Lifestylist'라고 한 이유도 생활 전체를 바꾸지 않고서는 살 빠지는 체질로 변할 수 없기 때문이다.

중년 여성이 다이어트를 할 때 가장 기본적으로 알아야할 내용은 기초대사량이다. 운동으로 근육을 키우기가 어렵다면 최소한 근육량이 줄어들지 않도록 해야 한다. 근육량의 증가·감소에 따라 기초대사량도 증가·감소하기 때문이다.

"하루에 세 끼는 꼬박꼬박 챙겨 드셔야 해요. 혼자 있다고 점심을 거르거나, 살을 빨리 빼려고 굶으면 안 돼요. 너무 적게 먹어도 안 되고요."

"선생님은 왜 비만클리닉에 온 사람한테 더 먹으라고 하세요?"

30세를 기준으로, 나이 한 살을 먹을 때마다 기초대사량이 1%씩 줄어든다는 보고가 있다. 규칙적으로 세 끼 식사를 하지 않으면 기초대사량이 더욱 떨어져서 아무리 적게 먹어도 살은 쉽게 빠지지 않기 때문에 다이어트를 포기하는 사람들이 많다.

"운동은요? 운동 꼭 해야 하나요?"

B는 운동을 하지 않아도 된다는 대답을 듣고 싶은 듯 물었다.

"운동은 한 주 지켜보고 시작해도 늦지 않을 것 같아요. 이번 주는 식사 후에 귀찮아서 바로 눕는 버릇만 고쳐도 성공이에요."

대답을 들은 B는 또 한 번 들켰다, 하는 표정을 감추지 못했다. 먹고 바로 누우면 소 된다는 옛말, 농담만이 아니었다. 사실 비만치료 초기에는 운동을 하든, 안 하든 큰 차이는 없다. 오히려 운동을 무리하게 시도하면 효과도 보기 전에 피로가 쌓이고, 스트레스를 받게 되어 몸이 붓거나 음식에 더욱 손이 가는 등 부정적인 결과를 초래할 수 있기 때문이다. 그래서 중년 여성 내담자들에게 운동에서만큼은 면죄부를 주는 편이다. 그제야 원하는 것을 다 얻었다는 듯한 표정의 B.

마음건강주치의의 특별한 처방전

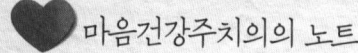 마음건강주치의의 노트

왜 나이 들수록 다이어트가 더 힘들어지는 걸까? 20대 때는 몇 끼 굶는 것으로도 2~3kg정도 감량이 가능하지만, 40대에는 그렇지 않다. 같은 음식을 먹고 똑같이 운동을 하더라도 20대에 비해 40대는 칼로리 소모를 20% 정도 덜 하기 때문이다. 뭔가 특별한 방법을 써야겠다. 그나저나 저 분이 식사일기를 써오시려나...

 약물처방

처방: 식욕억제제 소량. 세로토닌 재흡수 억제제 초기 용량

식사일기 쓰기로 식사습관에 대해 셀프 모니터링 강조

 지식처방

다이어트도 유행을 탄다

1970년대는 전쟁 후 경제가 어느 정도 안정되면서 다이어트 바람이 불기 시작했다. 포도 다이어트, 사과 다이어트가 폭발적인 인기를 끌었는데, 빠

른 효과에 비해 요요현상과 단백질부족으로 인한 근육감소가 단점이었다.

1980년대는 그저 마르기만 한 몸매가 아니라, 건강미인이 되기 위해 적극적으로 운동을 한 시기이다. 운동을 이용한 다이어트를 주로 했고, 특히 헬스클럽이 인기를 끌었다. 또한 건강을 챙기며 근육질 몸매를 유지할 수 있는 '저지방 다이어트'가 유행했다.

1990년대에 와서 다시 깡마른 체형이 이상형으로 대두되었다. 뼈만 앙상한 모습을 유지하기 위해 다이어트 시장이 본격적으로 활성화되었다. 에너지의 80%를 탄수화물에서 섭취하는 '고탄수화물 다이어트'가 유행한 반면, 체지방을 줄이기 위한 '고단백 다이어트'도 큰 인기를 끌었다. 이 '고단백 다이어트'는 고기만 먹는다고 해서 '황제 다이어트'라는 유행어를 낳기도 했다. 이 다이어트를 권장한 미국의 의사 로버트 앳킨스는 비만의 최대 적을 '탄수화물'로 지목했다. 이후 비만이 병으로 인식되면서 '비만클리닉'이 등장하고, 한방 다이어트, 식이요법, 반창고 다이어트, 반지 다이어트, 풍선 다이어트 등 수많은 상업적 다이어트가 등장했다.

2000년 이후로 여전히 많은 여성이 마른 체형을 선호하고 있지만, 각자의 개성에 따라 생각하는 다이어트 이상형이 다양해졌다. 무리하게 굶는 다이어트보다는 세 끼 식사를 챙기면서 체중을 조절하고 보조식품, 기능성 제품 등을 이용하는 사례도 늘고 있다. 운동방법도 취미와 성향에 맞춰 즐기면서 살을 뺄 수 있는 댄스, 요가, 복싱, 헬스 등 다양해졌.

최근 포털사이트에 접속하면 다이어트에 성공한 연예인들을 모델로 내세운 광고성 기사가 하루에 한 건씩은 보인다. 중년의 나이에도 다이어트에 성공해 화려하게 재기한 여배우. 그녀는 어떻게 그 어려운 중년 여성 다이어트에 성공했을까?

물론 먹는 것 줄이고 꾸준히 운동하면 살은 빠지게 돼 있지만, 일반 여성들은 그런 교과서 같은 뻔한 대답 말고 뭔가 특별한 방법을 원한다. 하지만, 비만클리닉 의사로서 결론만 대답하자면 교과서를 벗어난 다이어트는 '꽝'이다. 대표적으로 '원푸드 다이어트'가 있다. 말 그대로 한 가지 음식만 섭취하면서 살을 빼는 다이어트인데, 살은 빠질지 몰라도 건강은 망가진다. 쉽게 생각해 봐도 알 수 있는 사실. 한 가지 음식만 집중적으로 먹다 보면, 그 음식에 들어 있는 영양소만 섭취하게 되어 영양불균형이 나타난다. 살이 빠지기도 전에 '영양실조'로 쓰러질지 모른다. 심지어 통통한 채로……. 이건 먹는 것도, 안 먹는 것도 아니여.

'스마트' 다이어트: 똑똑하게 살빼기

왜 이렇게 살을 빼기 어려운 걸까? 실제로 어떤 다이어트를 시작하든 일주일을 넘기기 힘든 게 사실이다. 다이어트의 가장 큰 어려움은 먹고 싶은 충동, 즉 '식욕'을 억제하는 것이다. 비만클리닉에 오는 환자들은 대부분 '식욕을 없애 달라'는 요구를 한다. 식욕을 느끼는 것이 나쁜가? 아니다. 당연히 시간이 되면 허기를 느끼고, 배가 고프면 배를 채워야한다. 적당한 때에 음식을 먹고, 적당히 배부를 때 멈추게 되면 문제가 없다. 식욕의 과학을 살펴보면, 뇌의 시상하부라는 곳에서 식욕을 통제하는데 이를 포만중추라고 한다. '포만중추'*는 정반대의 기능을 하는 두 가지의 대표적인 화학물질에 의해 조절된다. CART와 뉴로펩타이드^{NPY}.

위가 비었을 때, 그렐린**의 분비량이 늘어남과 동시에 뇌의 시상하부에 존재하는 뉴로펩타이드라는 물질이 활성화되어 섭식중추를 건드린다. 이런 과정으로 사람은 식욕을 느끼고, 비어 있는 배를 채우기 위해 먹을 것을 찾는다. 음식을 먹고 어느 정도 배가 차면 혈당이 높아지고, 그렐린의 분비가 줄어든다. 이 시점에 '렙틴'이라는 물질의 분비량이 늘어나는데, 이 렙틴은 다시 CART$^{Coccain\ amphetamine\ regulated\ transcript}$를 증가시켜 시상하부의 포만중추를 자극해 '배부르다'는 느낌을 준다. 이런 과학적 이론을 바탕으로 한다면, 다이어트는 아주 쉽다. 사람이 배고프다고 느끼는 것은 위가 아니라 뇌이기 때문. 간단한 약물로 뇌에서 분비되는 화학물질을 조절해준다면 더 이상 '식욕'의 노예가 될 필요도, 폭식 때문에 괴로워할 일도 없을 것이다. 하지만 의사인 나는 그들의 식욕을 없애버릴 생각은 전혀 없다. 그저 거들 뿐.

무리하게 한 가지 음식만 먹는 원푸드 다이어트를 고집하거나, 절식 및 편식을 하면 영양부족뿐 아니라, 심리적인 허기까지 더해져 폭식증이 생기기 쉽다. 때문에 비만클리닉 의사이면서도 음식에 대해 '이래라, 저래라'하지 않는 편이다. 환자에게 식단을 짜주거나, 칼로리를 계산하라고 요구하지도 않는다. 정해진 식단으로만 먹게 되면 언젠가는 그 외의 음식들에 대한 갈망으로 다이어트 자체를 스트레스로 받아들이기 때문이다. 내가 음식에 대해 환자들에게 늘 강조하는 것은 한 가지. '어떤 음식'

이 중요한 것이 아니라 '얼마나' 먹는지가 중요하다는 것! 중년의 나이가 될 때까지 해 왔던 다이어트는 다 때려치우고 다른 시도를 해 보자. 먹고 싶은 것은 모두 먹되, 다이어트 중이라는 것을 명심하고 양을 조절하면 식습관이 바뀌고 시간이 흐르면서 체질까지 바꿀 수 있다.

*포만중추란?
만복감을 감지하여 식욕을 제한하는 중추

**그렐린(식욕호르몬)이란?
위와 췌장에서 만들어지는 호르몬으로 식욕을 느끼게 하고, 뇌의 일부분인 시상하부에서 만들어져 성장호르몬 분비를 촉진하기도 한다

H E A L I N G

D I E T

두번째주
진료실
엿보기

많이 먹어도 살찌지 않는 착한 여자

"저 일기 써왔어요."

A는 마치 숙제 검사를 받는 모범 학생처럼 내 앞에 조심스럽게 노트를 내밀었다. 학창시절의 실력을 발휘했는지, 완벽하게 정리된 식사일기였다. 작고 정갈한 글씨로 먹은 음식들을 기록하고, 따로 요구하지 않은 칼로리 계산까지 해 왔다.

"선생님, 약효가 좋은지 병원에 다녀간 이후로 폭식이 멈췄어요. 그 전에는 거의 매일 한 끼 정도는 폭식을 했었는데 이번 주는 단 한 번도 없었어요. 신기해요."

A는 선생님이 알려준 공식 덕에 어려운 문제를 풀어낸 학생처럼 들떠서 말했다. 그 말에 별다른 대답 없이 그녀의 일기장을 찬찬히 훑어보았다. 폭식증에 처방하는 약을 처음 복용하는 환자들은, 오랜 기간 복용해온 환자들보다 약효가 좋다. 이때, 과도한 칭찬이나 섣부른 판단으로 마음을 놓게 해서는 안 된다는 게 비만클리닉을 운영하며 얻은 교훈이다. 약 덕분에 그녀의 폭식이 멈춘 것을 칭찬하는 대신, 정말 그녀가 잘한 일에 대해 칭찬했다.

"일기를 정말 잘 써왔네요. 100점짜리에요. 의지가 대단해요."

칭찬에 목마르고 거짓말에 능한 그녀

A가 내 칭찬을 듣고 눈이 반짝일 정도로 좋아하는 게 보였다. 칭찬에 굶주린 환자들은 약효가 나타나기도 전에 폭식증세가 거의 사라진다는 공통점이 있다. 환자도, 의사인 나도 흡족한 분위기를 즐기고 싶지만 정신을 바짝 차려야 한다. 앞서 말한 섣부른 판단을 막기 위해, 그리고 A의 완벽주의 성향 때문이다. 게다가 그녀는 인정받고자 하는 욕구가 남들보다 훨씬 강한 여자다. 나는 환자의 지방만 없애려고 책상에 앉아있는 의사가 아니다. 그녀의 폭식증과 다이어트 강박증의 원인이 무엇인가. A는 누군가에게 칭찬을 받으려고 애쓰고, 인정받을 수 있다면 자신

의 본모습이 가려지는 것도 감수하는 여자다. 자신보다 다른 사람을 기쁘게 하기 위해서 완벽해지려는 그런 여자. 보통 부모에게 칭찬받고 인정받으려고 애쓰는 청소년에게서 많이 나타나는 현상인데, A는 어른이 된 지금까지 그런 모습을 버리지 못하고 있다. 아직 청소년 시절에 대한 대화는 나누지 못했지만, 꼭 짚고 넘어가야 할 부분이다.

"폭식은 줄어서 좋은데 여전히 체중은 신경 쓰여요. 하루에도 몇 번씩 체중계에 올라가 보고. 조금 배가 부르다 생각되면 운동을 하고 누워야 잠들 수 있어요."
"괜찮아요. 이번 주는 먹는 것 때문에 괴로워하는 것, 배부른데도 계속 먹는 것 두 가지만 좋아져도 훌륭한 거니까 조급하게 생각하지 말아요."

의사 앞에서 틈만 나면 '나 잘했죠? 칭찬받을 만하죠?'라는 행동을 보이는 그녀. 짧은 대화에서도 느낄 수 있는 그녀의 욕구이다. 그것을 줄여주려면 '잘 못해도 된다. 사람들에게 잘 보이려 굳이 애쓰지 않아도 된다'라는 메시지를 전달해야 한다. 이런 것은 말로 하는 것보다 행동으로 보여주는 것이 중요하다.

폭식증 인지행동치료 초기에는 폭식 멈추기, 폭식을 하게 되는 위험환경 알아내기와 같은 작업이 필요하다. 이를 위해 필요한 질문을 슬슬 시작했다.

"이것저것 막 먹고 싶어지는 때가 언제인가요?"

"음……. 피곤할 때랑, 남자친구랑 있을 때요. 특히 친구나 동료 등 사람들과 함께 있을 때 많이 먹게 돼요."

"일반적으로 폭식증 환자들은 혼자 있을 때, 심지어는 숨어서 많이 먹는 경우가 많은데. A씨는 반대의 경우네요. 다른 사람들이랑 있을 때 왜 많이 먹는 것 같아요? 단순히 수다가 길어지면 군것질이 땡기는 경우인가요?"

"저도 잘 모르겠어요. 그냥, 남들에게 잘 먹는 모습을 보여주고 싶어서 억지로 먹는 면도 있는 것 같아요. 특히 또래 여자들 앞에서는……. 많이 먹어도 살이 찌지 않는 여자로 보이고 싶달까? 사람들이 그렇게 잘 먹는데도 날씬한 게 부럽다고 말하면 일부러 더 먹는 것 같아요. 보여주기 위한 쇼처럼."

사람들 앞에서 적당량을 먹으면 안 되는 걸까. 나로서는 이해하기 어려운 그녀였지만, 또래 여자들은 어느 정도 공감하는 이야기일 것이다. '타고난 마른 몸매'로 유명한 어떤 여자연예인도 그 이미지를 지키기 위해 고생한다는 인터뷰를 본 적이 있다. 어떨 땐 남들이 보면 잘 먹고 숨어서 억지로 토한 적도 있다고 한다.

"그럼 결국 친구들뿐만 아니라, 스스로를 속이는 셈이네요."

"그냥 속이는 정도가 아니에요. 나는 소식을 하고 싶지만 친구들이 뷔페에 가자고 하면 거절하지 못해요. 가서도 억지로 폭식을 하는 경우도 있고, 배가 불러도 계속 먹게 되고."

'더 먹으면 안 되는데'라고 생각하면서도, 배는 이미 꽉 차있는데도 계속 음식을 집어넣는다. 그녀가 스스로를 속이면서까지 하고 싶은 말은 무엇일까.

"봤지? 나는 너희보다 훨씬 더 잘 먹어도 살이 찌지 않아."

A가 처한 상황이 조금 극단적이긴 하지만, 20대 내담자 중 이런 이유로 인해 다이어트 강박증에 괴로워하는 경우가 의외로 많다. 아무리 먹고 다이어트를 하지 않아도 살찌지 않는 '축복받은 몸매'라는 것을 과시하고 싶은 것이다.

그러나 실상은? 물만 마셔도 살이 찌는 '저주받은 하체'라고 자신을 비하하는 A.

"폭식을 유발하는 환경과 멀리하려는 의지가 필요해요. 일단 약효를 기대할 수 있는 상황이니까, 혼자 있을 때의 폭식은 걱정하지 않아도 돼요. 하지만 친구들에게 보여주기 위해 먹는 건 절대 삼가야합니다. 흔한 말로 남을 위해 사는 게 아니잖아요."

"알겠어요. 제가 남의 눈치를 많이 보는 편이에요. 고치고 싶은데……. 그것 때문에 스트레스도 많이 받고 예민해질 때도 많거든요."

얼마 전, 환자로부터 정신과의사에게는 치명적인 단점을 지적받았다.

"선생님은 말이 너무 빨라요."

그 말을 듣고 사실 충격을 받았다. 처음에는 중년의 나이에 환자 한 명의 말만 듣고 어떻게 말버릇을 고치겠냐는 생각에 신경 쓰지 않으려 애를 썼다. 하지만 머릿속에서 맴도는 그 말을 어찌하지 못해, 차라리 부딪혀보자 했다. 환자와 상담할 때 양해를 구하고 녹취를 했다. 상담이 끝나고 다시 들어 보니, 내 목소리가 정말 싫었다. 내가 들어도 발음을 알아듣기 어려웠고 너무 빠른 게 사실이었다. 비음이 섞인 목소리에 어눌한 발음, 거기에 말까지 빠르다니 최악의 조건이었다. 말이 빠르다는 것은 십중팔구 자기중심적인 성격이라는 뜻이다.

레지던트 시절에는 환자의 말을 막고 쉽게 말을 하게 될까봐 일부러 천천히 말하려는 노력을 하기도 했다. 의사 생활을 한 지 10년이 넘은 지금, 말이 빨라진 이유가 환자에 대한 소소한 배려를 잃었기 때문이라고 생각하니 정신이 번쩍 들었다.

상담실에서 A처럼 상대에게 자기주장을 못하고 거절을 할 줄 모르는 착한 여자들을 흔히 만날 수 있다. 하지만 나는 내가 착한 여자라고 생각한 적이 단 한 번도 없었는데 '착한 여자 테스트'에서 높은 점수를 받고 깜짝 놀랐던 적이 있다. 그때를 계기로 돌아보니, 마음 속 상처가 많은 '나름' 착한 여자였다. 그런 치료자로서 이미 상처투성이일 착한 여자를 절대 혼내지 말아야겠다는 다짐을 한다. 그래서 나는 착한 여자의 전형인 A에게 '착한 여자는 바보다'라는 메시지를 주지 않기 위해 무척 애를 썼다. 그런 메시지 대신 내가 사용하는 방법은 '함께 욕해주기'이다.

"남자친구는 A씨가 먹는 것 때문에 스트레스 받는 것을 뻔히 알면서 왜 뷔페에 데리고 갔을까요. A씨는 너무 착한 것 같아요. 남자친구가 뷔페에 가자고 하면 또 먹는 걸로 스트레스 받을 것을 뻔히 알면서도 거절 못하고 따라가니 말이에요."

이기적인 여자가 되라

하지만 함께 욕한다고 모든 문제가 해결되는 것은 아니다. '지나치게 착한 사람이 되려고 자신을 돌보지 않는 것'에 대해 일깨워주려는 치료의 목표에 도달하지 못하고 같이 헤매면 절대 안 된다. 그러기 위해 꼭 병행해야할 작업은 '착한 게 지나칠 때 어떤 일이 생기는지 생각해 보는 것'이다. 결론부터 말하자면 선을 분명히 긋지 않으면 자기 자신에게만 '못된' 여자가 된다. 타인의 인정과 애정만을 갈구하며 완벽을 위해 끊임없이 노력하느라 자신을 돌보지 않는 것이다. 내 안의 또 다른 나는 '어렵다, 힘들다'라고 계속해서 아우성을 치고 있지만, 정작 자신은 바깥을 신경 쓰느라 안을 들여다볼 여유가 없다. 이런 상황이 계속되면 자기도 모르는 사이에 지치고, 결국 포기해버린다. 자신이 가진 잠재력을 다 발휘하지 못하고 실패하는 것이다.

다이어트 역시 완벽하게 잘 해내려는 욕심과 남에게 보여주는 모습만 생각하다 보니, 결국 나를 살찌게 만드는 환경과 멀리할 수 있는 'NO'를 외치지 못해서 늘 실패를 맛보게 된다.

신학교에 다니던 때, 나에게 항상 어려운 질문으로 다가왔던 문장이 있다.

남에게 대접받고자하는 대로 남을 대접하라

성경책에도 나와 있고, 누구에게나 친숙한 문구이다. 그렇지만 자신이 대접받지 못하는 상황에도 남을 대접할 수 있을까? 나를 버리고 다른 사람에게 베푸는 것이 과연 옳기만 한 일일까?

내가 먼저 자신을 사랑해야 다른 이에게 사랑을 베풀 수도 있고, 사랑을 받을 수도 있다. 요즘 신세대들이 이기적이고 자기중심적으로 비춰지지만, 사실 그들 중에도 자아존중감이 높은 사람은 드물다. 대부분 자신에 대해 평가를 할 때는 매우 인색하다. 외모뿐만 아니라, 다른 여러 면에서 타인과 비교하면서 자신을 한없이 낮추는 사람들. 한없이 초라해지는 자신의 모습에 또 한 번 위축되기만 할 뿐.

'먼저 나를 사랑하자', '나를 위해서 살아도 괜찮다'라는 생각은 절대 이기적인 게 아니다. 전형적인 '착한여자'는 사실 자신에게 나쁜 사람이다. 진짜 착한 여자는 삶에 있어서 자신을 중심에 두고, 타인과의 관계에서 균형을 잘 유지하는 사람이다. 승

낙할 때와 거절할 때를 잘 알고, 내가 남을 도와주듯 남에게 도움을 청할 줄도 알아야 한다. 자기 자신에게만큼은 솔직해지고, 내 마음이 하는 말에 귀 기울이는 것이 중요하다. 불완전한 자기 모습을 받아들이고 인정해 보는 것은 어떨까? 완벽주의에 얽매여 살 때보다 훨씬 행복할 수 있다.

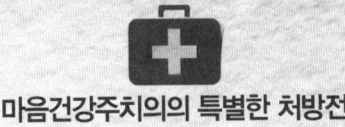

마음건강주치의의 특별한 처방전

♥ 마음건강주치의의 노트

이 세상에는 '착한여자'가 참 많다. 재미있는 사실은 그 '착한여자'들은 정작 자기 자신에게는 혹독하게 대한다는 것. A는 거절할 줄 모르고, 남에게 싫은 소리도 잘 못하는 성격인 것 같다. 친구들이나 남자친구가 권하면 먹기 싫어도 먹는다. 내가 다 당황한데, 본인은 얼마나 괴로울까. '착한여자'를 버리든지, '완벽주의'를 버리든지. 자신을 위해서 둘 중에 하나는 포기해야하지 않을까.

📞 상담내용

폭식이 멈춰진 상태. 폭식하게 만드는 원인을 대화로 탐색해 보았다. 전형적인 '착한 여자'. 같은 유형의 사람으로서 그녀에게 상처를 주고 싶지 않다. 침착하게 기다려주면서 치료목표를 놓치지 말자.

 독서처방

「착한 여자는 왜 살찔까?」

캐런 R. 쾨닝 지음 (레드박스)

추천도 ★★★★☆

다이어트와 심리에 대한 이야기가 담긴 책. 착한 성격과 체중의 비례법칙에 관한 심리학 보고서 같은 책이다. 타인에게는 한없이 좋게 대하면서 자신에게는 '음식'으로 보상하려는 '착한 여자'는 동서양을 불문하고 어디에나 있나 보다. 나는 내가 착한 여자라고 생각한 적이 한 번도 없었는데, '착한 여자 테스트'를 해 보고 나온 결과에 깜짝 놀랐다.
'착한 여자는 왜 살찔까?'에 '나는 얼마나 착한 여자인가'를 알아 볼 수 있는 자가진단 테스트가 있어 소개한다.

 Self Test "나는 얼마나 착한 여자인가"

1. 다른 가족들도 할 수 있는 상황인데 서로 미루며 하지 않으려고 할 때 내가 나선다.
2. 가족들의 부탁을 거절하거나 실망시킬 때 나는 죄책감이 느껴진다
3. 내문제로 가족들에게 부담주기 싫다
4. 나는 자신보다 가족들의 바람을 우선시하게 된다
5. 친구들이 나를 신경 쓰는 것보다 내가 더 많이 친구들을 챙긴다
6. 친구들의 부탁을 거절하거나, 실망시킬 때 죄책감을 느낀다

7. 친구들은 내가 필요할 때 곁에 있어주지 않지만, 나는 언제나 지킨다
8. 나는 친구들의 바람을 우선시한다
9. 스트레스가 너무 심한 경우에도 내 전부를 일에 바친다
10. 나는 상사나 동료가 놓친 일들을 도왔지만, 그로 인한 칭찬을 받은 일은 거의 없다
11. 회사 동료들이 착하고 도와주려는 내 성격을 이용한다
12. 나는 거절해야 할 때도 그렇지 못하고 승낙하는 바람에 스트레스를 받는다
13. 뭔가 잘못되었다 느끼면 내 잘못이 아닌데도 자동으로 "미안하다"고 한다
14. 내 생각을 말하기보다 침묵한다
15. 내가 무엇을 어떻게 하든, 친구, 가족, 회사 동료들에게는 부족할 것이라는 생각이 든다
16. 완벽하게 일처리를 하지 않으면 실패자같이 느껴진다
17. 내가 실수를 하면 다른 사람들이 어떻게 생각할지 너무 겁난다
18. 나는 사람들이 나를 좋아하고, 사랑하고, 인정하고, 받아들여주기를 지나치게 바란다
19. 나는 풍파를 일으키지 않으려고 되도록 노력한다
20. 다른 사람의 감정을 상하게 하지 않으려고 하다가 거짓말을 하기도 한다

1 거의 혹은 절대 그렇지 않다   2 때때로 그렇다
3 자주 그렇다   4 항상 그렇다

점수가 나왔다면 아래 점수표에서 자신이 어디 속하는지 보라.

60-80 점
자신에게 가시 면류관을 씌우라. 착한 성격이 당신을 죽이고 있다

45-59 점
가시나무를 찾아서 면류관 만들기 수업에 등록하라

25-44 점
친절측정기계를 사서 지나치게 남을 배려하는 것은 아닌지 확인하라

2-24 점
자신이 착한 것이 아닐까 걱정할 필요가 없겠다

출처 | 착한 여자는 왜 살찔까?(레드박스)

목요일의 여자 B

위로푸드 · 나를 행복하게 하는 것

| 라 면 먹 어 도 되 나 요 ?

"저……. 선생님, 식사일기 적긴 했는데, 그만 놓고 왔네요. 어쩌죠?"

B의 말을 듣고 의식적으로 표정관리를 해야 했다. 나도 사람인지라……. 앞으로도 B와 식사일기를 이용한 치료는 어려움이 있을 거라는 예감에 답답해졌다. 머릿속으로 '그럴 거면 혼자 다이어트 하삼!'이라는 말이 떠올랐지만, 얼른 손으로 휘휘 저어서 날려버리고 착한 의사의 모범적인 대답으로 대신했다.

"그랬군요. 괜찮아요. 다음 주에는 꼭 가져오세요."
"네. 그런데……. 다이어트 하는데 라면 먹어도 되나요?"

연령대를 불문하고 정말 많이 듣는 질문이다. 마치 혼날 일을 저지른 아이처럼 주저하며 묻는 것도 똑같다. 이 질문을 들을 때마다 내 머릿속에 떠오르는 생각도 한 가지다. 다이어트 한다고 라면 먹으면 안 되나? 왜?

라면이 정말 먹고 싶어서 고민을 하다가 끓여 먹지는 못하고, 대신 생라면을 우걱우걱 씹어 먹었다는 환자가 생각났다. 끓인 라면과 생라면의 칼로리는 별반 차이가 없는데도 그 환자는 생라면을 먹으면서 안도의 한숨을 내쉬었을 것이다. 차라리 먹고 싶었던 대로 끓인 라면을 먹었더라면……. 오히려 '맛있는 라면'에 대한 욕구는 한 번에 해결되고, 참느라 받았던 스트레스도 없었을 것이다.

길티플레저guilty pleasure는 다이어트의 최악의 적이다. 길티플레저는, 쇼핑이나 과식 등으로 쾌감을 느끼는 것과 동시에 죄책감이 드는 것을 말한다. 나는 나를 찾아온 환자들에게 다이어트를 할 때 절대 먹으면 안 되는 음식은 없다고 말씀드린다. 오히려 '먹는 죄책감에서 벗어나는 것'이 다이어트의 시작이기 때문이다. 때문에 따로 식단을 짜거나, 칼로리 계산을 해서 스트레스를 주지 않는다. 정해진 식단으로만 생활하게 되면 언젠가는 다른 것이 당기게 되고, 그 음식을 먹으면 안 되는 이유인 '다이어트' 자체가 스트레스로 다가오기 때문이다.

밀가루로 만든 라면이 다이어트에 절대 삼가야할 음식인가? 나는 아니라고 대답하고 싶다. 다만, 라면 스프에 들어 있는 염분이 문제인 것이지, 면발 자체를 지나치게 많이 먹지 않는 이상 문제가 되지 않기 때문이다. 다이어트 중에도 탄수화물은 꼭 필요한 성분이기 때문에 먹는 것이 좋다.

"물론 라면 드셔도 돼요. 대신 국물을 약간 싱겁게 만들고, 국물은 되도록 남겨 보세요."

B는 물론, 나의 이 대답을 들은 대부분의 환자는 안심하는 표정과 동시에 처음으로 행복한 모습을 보인다. 거봐요, 행복하게 해줄 정도로 좋아하는 음식이면 먹어야죠!

"일기를 안 가져오셔서 확인할 방법이 없네요. 말씀드린 대로 하루 세 끼는 꼬박꼬박 다 드셨어요?"
"네, 솔직히 이렇게 다 챙겨먹어도 되는 건가 싶었지만……. 예전에 혼자 하던 다이어트는 다 잊고, 처방해주신 대로 하루 세 끼 먹고 싶은 것을 적당량 먹으려고 노력했어요."
"아주 잘하셨네요. 그렇다고 먹는 양이 늘어나는 것도 아니고, 살이 더 찔 염려는 안 하셔도 돼요. 먹는 것 자체가 스트레스로 다가온다면, 다이어트는 아무런 의미가 없어요."

바로 이것이 여자의 '평생 다이어트 노하우'이다. 바로 위로 푸드의 힘. 음식이 주는 행복을 외면한 다이어트는 성공할 수 없다. 다이어트에 성공하려면 스마트한 방법이 필요하다. 바로 식욕중추를 다스리는 법을 배우는 것. 무리하게 한 가지 음식만을 고집하는 연예인 다이어트(마녀스프, 닭가슴살, 샐러드 등 원푸드 다이어트가 대표적)를 하거나, 다이어트 때문에 편식을 하게 되면 영양부족뿐만 아니라, 음식을 향한 심리적인 허기까지 더해져 도리어 폭식증에 걸릴 위험이 있다. 마치 스프링을 억지로 누르고 있다가 손을 떼면, 원래 모습보다 더 늘어나서 튀어 오르는 것과 같다. 음식을 먹으면서 느낄 수 있는 행복. 그 행복을 왜 멀리해야 하는가. 인간 본성을 거스르는 거의 모든 행위는 오래가지 못한다. 이성이 본능을 이기지 못하는 부분이 있기 때문이다.

다이어트 기간에 진짜 끊어야할 것은, 나를 행복하게 해주는 '위로푸드'가 아니라, 아무 음식이나 입에 집어넣는 습관이다. 의과대학 시절, 아침이면 잠에 취해 억지로 일어나 허둥지둥 뛰쳐나가곤 했다. 그때마다 집 근처에 있던 조그만 빵집에서 갓 구운 빵 냄새가 났는데, 그 유혹을 뿌리치지 못하고 거의 매일 빵집으로 들어갔다. 늘 따로 양념이 되지 않은 우유식빵을 샀다. 물론 썰지 않은 통식빵으로. 포장지에 물기가 송골송골 맺혀있는 상태로 그대로 코를 박고 냄새를 맡곤 했는데, 지금도 그 향기는 잊을 수가 없다. 쭉 찢어서 떼어 먹을 때 그 폭신함! 무거운 줄도 모르고 짊어지고 있던 책임감 때문이었을까. 유난히 우울하고 무기력했던 의과대학 시절, 유일하게 나를 행복하게 만들었던 순간이었다. 음식으로 스트레스를 푸는 것을 누가 나쁘게 했던가! 실연당한 여자가 비빔밥을 먹으며 양푼을 움켜쥐고 눈물을 참는 것이 뭐 어때서! 라면은 다이어트의 적으로 치면 장군감인 음식이지만, 나 역시 기분이 가라앉을 때 많이 생각나는 음식이다. 어떤 순간에 특정 음식이 당긴다면 억지로 외면하지 말라. 아무리 노력해도 완벽히 외면할 수 없다는 게 결론이다. 달콤한 초콜릿이 생각나는 순간에는 딱 한 조각만 입에 넣고 천천히 '포만중추'를 달래보자. 입안에서 달콤한 것이 녹을 때, 우리의 뇌는 분주히 움직인다. 그 작은 행복은 감각신경을 타고 '쾌락중추'로 전해져 '도파민'이라는 신경전달물질의 농도가 높아지고, 금세 심리적 허기를 달랠 수 있다.

배고파서 먹나? 심심해서 먹지

"하루 중에 뭔가 가장 먹고 싶어지는 때는 언제에요?"

"글쎄요……. 지금 생각해 보니 시간이 정해져 있는 건 아니고, 때때로 그런 것 같아요. 아이들이 집에 들어왔는데도 방문을 닫고 들어가서 여전히 혼자인 것 같고. 남편은 거의 매일 늦고, 분명 끼니를 챙겼는데도 혼자 TV 앞에 앉아 있으면 입이 심심해져요. 배가 부른 걸 느끼면서도 계속 군것질거리에 손이 가게 되더라고요. 배가 고픈 것도 아닌데 말이죠."

한 번도 생각해 본 적이 없는 질문에 대해 자신의 생활을 천천히 곱씹으며 대답하는 B의 표정은 무척이나 쓸쓸해 보였다. 말하는 동안 B 자신이 느꼈을지 모르겠지만, 한마디로 혼자 있을 때, 외로울 때 먹는다는 것이다. 이 허전함을 무엇으로 달래리오?

"아무튼 선생님이 식욕을 좀 없애주세요."

더 이상 생각하기 싫다는 듯 말을 맺고, 다시 나에게 도움을 구하는 B. '배고픔, 허기' 등이 나쁜놈 같고, 사라졌으면 좋겠지만 당장 없애버려야 할 것도 아니다. 배고픈 것은 자연스럽고, 당연한 것이다. 갱년기에 접어든 듯 보이는 B에게 지금 당장 필요한 것은 허전함을 달랠 그 무엇이다. 나는 조심스럽게 '위로 푸드'를 권한다. 물론 '아무' 음식이나 입에 넣는 짓은 제발! 하지 말 것. 음식으로 허전함을 달래는 게 다이어트 성공으로 가는 지름길이라니, 참 아이러니하게 들릴 수 있겠다. 하지만 나를 믿고 따르시지요. 나, 마음건강주치의 유은정이 항상 당신을 도울 테니까요!

"정말 아직 운동 안 해도 되는거죠? 운동하지 말라고 했으니까 하지 말아야지."

B가 숙제를 면제받은 학생처럼 개구진 표정으로 말했다. 환자와 대화를 하다 보면 참 재미있다. 가끔 이런 어린아이 같은

모습을 보일 때면 서서히 마음의 문을 여는 것 같아 기쁘기도 하다. 하지만 그보다, 운동하기 싫고 힘들어서 나를 찾아와놓고, 운동하라는 말을 또 들을까 걱정하는 모습에 나도 모르게 웃음이 나왔다. 나 역시 같은 여자로서 다이어트를 위해 운동을 한다는 것이, 꾸준히 한다는 것이 얼마나 어려운 일인지 잘 안다. 여름이 되면 비만클리닉 여의사의 책임감을 가지고 몸매관리를 해야 한다. 보기보다 게으른 나는, 한때 친한 환자들과 내기를 한 적도 있다. 누가 먼저 운동을 시작하는지. 내기의 결과는 굳이 말하고 싶지 않다.(T_T) 그런 사람이면서 환자들에게 운동을 요구하는 건 마음 아프지만, 이 직업을 택한 이상 어쩔 수 없는 일이다. 운동이 다이어트에 효과적이라는 것은 누구나 알지만, 새로운 연구 결과가 있어서 B에게 이야기해주었다.

   운동을 하면 칼로리소모만 일어나는 것이 아니라는 결과이다. 과체중인 사람이 운동을 하면 포만감을 유발하는 신경세포가 더욱 민감해져, 칼로리 섭취 자체가 줄어들고 체중이 빠진다는 것이다. 브라질의 한 대학에서 연구한 결과인데, 운동은 먹는 행동을 조절하는 시상하부의 포만감을 담당하는 신경세포의 신호를 활성화시켜 식욕을 억제하는 호르몬(렙틴, 인슐린 등)의 생성을 증가시킨다고 한다. 영국의 권위 있는 과학전문지《뉴사이언티스트》에 실린 내용이니 믿을만하다. 연구의 내용을 살펴보자면, 살찐 쥐와 마른 쥐를 운동시킨 다음 12시간 동안 관찰한 결과 살찐 쥐들은 운동 전보다 평균 25%를 덜 먹더라는 것이다. 이 결과는, 운동이 에너지 소모를 유도하는 것 외에도 포만감 자체를 조절해서 음식물 섭취를 억제한다는 것을 증명하는 것이다. 생각해 보니, 나도 즐기는 정도로 운동을 하고 나면 허기지는 것이 아니라, 오히려 식욕이 사라졌던 경험이 있다.

"다음 주까지는 2kg 정도 빼 볼게요."

마음건강주치의의 특별한 처방전

♥ 마음건강주치의의 노트

병원 문을 나서는 B의 발걸음이 가벼워 보인다. 운동을 권하지 않은 이유는 우선 식사습관과 생활습관에 중점을 두고 싶었고, 둘째 주까지는 환자와 친해지는 것이 더 중요하기 때문이다. B를 배웅하는데 문득 '나를 행복하게 하는 것은 무엇일까'라는 질문이 떠올랐다. 잠깐 동안 생각해 보니 이것저것 많이도 생각났다. 그 중 하나를 꼽으라면, 폭신폭신한 갓 구운 빵이다. 내일 아침 출근길에는 빵집에 들러야겠다. 다이어트를 하는 동안 울고, 웃는 과정을 쭉 함께 하겠다는 내 다짐을 환자들이 알아주었으면 좋겠다. 상담실 문을 나서는 B의 어깨를 다정히 두드리며 '다음주에 1kg도 빼지 못하고 오더라도 나는 당신의 편이에요'라는 메시지가 전달되길 바래본다.

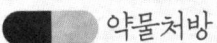 약물처방

에이올, 히스탄 (약간의 포만감을 주는 약물)

식욕조절 적당히 되고 있음

하루 세 끼 먹기 달성

식욕의 메커니즘에 대한 설명

운동은 2주 후부터 처방예정

 독서처방

「내몸 다이어트 설명서」

마이클 로이젠, 메멧 오즈 지음 (김영사)

추천도 ★★★☆☆

식욕의 과학, 뇌로 하는 다이어트

당신이 알고 있는 다이어트 지식은 정확한가?

아무리 오랜 기간 동안, 다양한 다이어트를 해 봐도 성공 확률이 낮은 이유는 뭘까? 질문을 바꿔서, 당신은 내 몸에 대해, 그리고 다이어트에 대해 얼마나 알고 있나요? 다이어트에 관해 잘못 알려진 속설들, 살이 찌는 진짜 이유, 체계적이고 현실적인 다이어트 방법, 의학적 분석 등이 담겨 있는 책이다. 지금까지 알고 있던 다이어트에 대한 지식은 모두 버리고, 새롭게 시작해 보자.

일시적인 다이어트 '비법'을 알려주는 것이 아닌, 평생 동안 건강한 몸과 예쁜 몸매를 유지할 수 있는 '전략'을 가르쳐주는 책이다.

HEALING

DIET

세번째주
진료실
엿보기

화요일의 여자 A
3rd session

쉬는 법을 잊어버린 그대에게

"이번 주에는 살이 별로 안 빠졌네요?"

A의 식사일기 한가득 적혀 있는 군것질거리들. 게다가 잦은 회식으로 과음까지 했으니 오히려 살이 찌지 않은 것으로도 감사해야 했다. 내 말에 다시 울상이 된 그녀.

"이번 주에는 완전 망했어요. 자꾸 다리랑 얼굴이 붓고, 쉬어도 계속 피곤하고……. 늦게까지 일하고 집에 가면 긴장이 풀려서인지 먹다가 바로 잠들고, 회식까지 겹쳐서 집에 일찍 들어간 날이 없어요. 다이어트를 시작했는데 갑자기 내 뜻대로 안 되니까 더 스트레스가 쌓여요. 주말에는 거의 포기상태였어요."

다이어트의 적, 만성피로

나에게 혼이라도 날 것처럼 여러 가지 변명과 함께 자신을 방어한다. 그렇게 완벽하고 싶어 하고, 누구에게나 칭찬받고 싶어 하는 그녀가 이렇게 손을 놔버렸을 정도면 그 스트레스가 어느 정도인지 짐작할 수 있었다.

"피곤할수록 단 것도 더 당기고 이상하게 맛있지요? 사실 피곤한 날일수록 소식해야하는 건데. 누구나 다이어트 시작하면 이런 날이 종종 있어요. 그러니 조금 많이 먹었다고 생각돼도 스트레스 받지 말아요. 검사결과를 보니 살이 찐 건 아니고, 약간 부은 거예요. 수치를 보니까, A씨 진짜 피곤했나 보다."

스스로 혼나야 한다고 생각한 순간에 혼내지 않고, 긴장을 조금 늦췄을 때 혼내야 효과가 극대화된다.

내가 아는 헤어디자이너가 후배들을 가르치면서 느낀 거라며 해준 말이다. 지난 한 주 동안 의사의 처방대로 하지 않아 병원에 가면 혼이 날 거라고 각오했던 A의 마음엔 어떤 변화가 있었을까? 모르긴 해도 나에게 예상대로 안 좋은 소리를 들었을 때보다는 긍정적인 마음이 자리 잡았을 게 분명하다.

단순하게 생각해 보면, 피곤한 날은 왠지 체력소모가 많아서 살이 빠질 것 같지만 그와 반대로 살이 찐다. 우리 몸은 스트레스를 받거나 피로를 느끼면 코티졸이라는 스트레스 호르몬 수치가 높아져서 복부에 지방이 쌓이게 만든다. 또 수면과 휴식을 제대로 취하지 않으면 뇌에서 세로토닌의 생성이 활발히 이루어지지 않는데, 세로토닌이 고갈되면 식욕이 강해져서 과식과 폭식을 야기한다. 결과적으로 '피곤하니까 많이 먹고 힘내야지'라는 생각이 들고, 아직 느끼지도 않은 미래의 허기까지 생각해서 음식을 비축하게 되는 것이다. 설상가상 피곤하면 움직임이 줄어들어 칼로리 소모까지 적다. 스트레스를 받으면 움직이려는 욕구가 감퇴하고 사람들을 만나는 것도 꺼리게 된다. 집에만 있으려고 하니 운동량은 점점 줄어들어 지겨운 다이어트의 악순환에 또 하나의 새로운 연결고리를 추가하는 셈이다.

"이상하게 요즘 계속 지쳐요. 운동은커녕 집에 가면 누워만 있어요. 주말에 집에서 쉬기만 했는데도 쉰 것 같지 않고 자꾸 피곤해요. 아무것도 하기 싫고. 우울증인가? 이거 우울증이에요?"

"^_^;;"

대답을 하는 대신 나도 모르게 씁쓸한 미소만 지어보였다. 어떤 분의 말이 떠올라서다.

'정신과에 오면 내가 정말 정신병자가 될 것 같아서 계속 미루었다'라는 말. 의사를 앞에 두고 이 이야기, 저 이야기 꺼내다 보면 어느덧 병명이 수십 개씩 붙는 거 아니냐고 말하던 그 분. 정신과 문턱에 발을 들여 놓으면 '진단기준에 따라' 환자가 되는 것이고, 문 밖에 있으면 환자가 아니라는 말인가? 나는 그런 생각을 하면서도 말도 안 되는 소리라고 되받아치지 못했다. 사실 어떤 면에서는 맞는 말일지도 몰랐다. 뭔가 차갑고 냉정할 것 같은 정신과보다는 조금 더 사람 냄새나는 점집이나 바텐더를 찾아가 하소연하는 게 덜 부담스러운 사람도 있을 것이다. 그저 카페에서 친구와 대화하듯, 찜질방에서 동네 아줌마들과 수다를 떨 듯 정신과나 상담실을 찾을 수 있다면 얼마나 좋을까. 오히려 그런 수다는 신세한탄에 그치지만, 상담은 분명한 목표가 있는 대화이고, 그 목표는 하나다. 다양한 상황 속에 처한 자신의 모습을 함께 바라보고 편해질 수 있도록 같이 연습하는 것이다. 내담자의 선천적인 기질과 후천적으로 생긴 특성 등을 살피고 여러 가지 상황에서 나타나는 자신의 모습을 살피면 문제와 해결책까지 알 수 있다. 그런 과정 가운데 자신도 전혀 몰랐던 감정이 표출되고, 새로운 모습을 발견하는 것 자체로도 생각지 못한 치유효과를 볼 수 있다.

"휴가를 다녀오면 좀 나아질까요, 선생님? 연차가 남아 있기는 한데……."

날이 갈수록 더 많은 사람들이 일상에 지쳐서 사는 이유가 뭘까? 나는 감히 우리 모두에게 '쉼'이 부족하다 말하고 싶다.

우리는 무엇을 위해 이렇게 피곤하게 살까

사람들은 휴식을 취하는 동안에도 끊임없이 능력을 발휘하고 자신과 주변을 비교하고자 한다. 우스갯소리로 쉬는 날 아무것도 안 하느니 잠이라도 많이 자 두는 게 남는 것이라는 말도 있다. 내가 무엇인가 생산하지 않는 시기, 남는 게 없는 시기는 남들보다 뒤처진 듯 보이게 만들고, 초라하게 만든다. 쉬는 순간에도 가치를 인정받기 위해서는 뭐라도 해야 되는 시대에 살고 있다. 따라서 우리는 끊임없이 남과 비교당하면서 가진 것과 갖지 못한 것을 체크하고 능력을 발휘하려 한다. 비교하고 비교 당하는 사회 덕분에 자신의 능력과 체력의 몇 배를 보여주기 위해 애쓴다. 이런 생활이 지속되면서 사회생활에 얽매인 우리는 쉴 틈이 생기면 마치 무언가에 중독이 되어 금단현상을 겪듯, 불안에 떤다.

"휴가를 다녀와도 비슷하겠죠? 쉬어도 쉰 것 같지 않은데……. 친구들이 부추겨서 휴가 때 어디 놀러 갔다 와도 오히려 더 피곤한 적도 많았어요."

내 생각을 읽기라도 한 걸까. A는 하루에 한 시간, 아니 십 분도 오롯이 자신만을 위해 휴식을 취한 적이 없는 것 같다고 말을 시작했다. 자신만을 위한 휴식이라는 건, 컴퓨터 앞에 앉아 있거나, 무언가를 먹고 있거나, 청소나 빨래를 하는 등의 활동을 제외한 시간을 말한다.

"혼자 있을 때 재충전이 되는 것 같아요? 아니면 다른 사람들과 함께 있을 때 재충전되는 것 같아요?"

"글쎄요……. 저는 혼자 있을 때 같아요. 그런데 요즘은 혼자 있을 시간이 좀처럼 없네요. 이러다가 쉬는 법 잊어버리는 거 아닌지 모르겠어요."

나는 무엇을 할 때 재충전되는가?

이 질문은 마인드피트니스Mind Fitness에서 아주 중요한 개념이다. 우리가 근육을 움직여 신체의 건강을 되찾듯, 마음이 재충전되기 위해서도 그러한 '운동'이 필요하다. 그 운동은 자신의 생활습관을 아는 것부터 시작한다. 나 자신을 위해 쓰는 시간이 얼마나 될까? 마음의 평안을 얻기 위해서 가장 좋은 조건은 '자연'이다. 자연은 우리를 무조건 받아들여주고 우리를 위해 존재한다. 게다가 자연에게는 굉장한 치유력이 있다. 자연은 정신과의사들에게 대단한 도전대상이자, 치료에 적용할 수 있는 훌륭한 치료제이다. 우리가 나무와 꽃에게 아무리 말을 걸고 심지어 화를 낸다 해도 그들은 아무런 말이 없다. 우리가 외면하고 있는 동안에도 자연은 우리를 맞이할 준비를 하고 있다. 우리는 이 거대한 자연에게 허락받은 대단한 존재이다.

"선생님, 가끔 제가 신석기 때로 돌아갈 수 있었으면 좋겠다는 생각을 해요. 아무데서나 먹고 자고……. 특히 혼자 있고 싶을 때 그런 생각이 간절해요."

20대 후반인 A는 상상력이 풍부한 INFP 감성을 가진 것 같다.

"재미있는 상상이네요. 맞아요. 우리는 항상 에너지를 쏟아내야 되고, 몸과 마음이 탈진할 때까지 쥐어짜낼 때도 많으니까요. 바이오리듬이 힘들다고 보여주는데도 우리는 움직이고, 일하고, 사람들과 섞여야 하죠. 기운이 없는 날은 웅크리고 있다가 다시 에너지를 뿜어낼 때를 기다리면 되는데, 스스로도 용납이 안 되죠?"

"맞아요, 선생님. 내 몸이 아프고 힘든 건 누구보다도 내가 제일 잘 아는데 화가 날 때도 있어요. 웅크리고 가만히 충전하는 것, 저도 배우고 싶어요."

"그래요? 그럼 혼자 가만히 있는 시간을 좀 가져 보세요. 휴가를 낸다고 딱히 어딜 놀러가거나 훌쩍 떠나야 되는 건 아니니까요."

우리의 몸이 물리적으로 어떤 일을 하지 않더라고 일상의 사소한 문제들 때문에 시달리며 진정으로 쉬지 못하는 경우가 많다. 비록 내가 목표한 만큼 일을 하지 못했거나, 1kg이 늘어났거나, 남자친구 혹은 남편이 전화를 안 받거나, 내 아이가 욕심만큼 공부를 잘 하지 못한다 할지라도, 쉴 때는 무시해 보자. 내 존재는 고작 이런 일에 다칠 만큼 하찮은 존재가 아니지 않은가?

"일할 때는 못 느끼지만, 집에서 혼자 가만히 있으면 가슴이 답답하고 편히 쉬질 못해요. 웅크리고 재충전하는 건 힘들어도, 쉴 땐 쉬어야 하는데. 아무것도 안하고 혼자 있는 게 왜 이리도 힘든 걸까요?"

요즘 미국에서는 수양회 프로그램들이 활발하게 이루어지고 있다. 일상을 떠나, 자연에서 자신을 들여다보고, 전문가들에게 도움을 받아 진정한 휴식을 취하자는 게 궁극적인 목표이다. 미국이 비교적 시간적·경제적 여유가 있어서 그렇다고 생각할 수 있지만, 불행히도 그만큼 스스로를 위해 쉬는 방법을 모른다는 뜻이기도 하다. 이런 수양회에서 다른 사람들에게 '영적인 쉼'의 길을 안내해주어야 하는 목회자마저도 오롯이 자신만을 위해 쉬는 법을 모르는 경우가 많다. 만약 본인도 쉬지 못하는 상황에 도움을 요청하는 누군가를 돕고자 할 때, 스스로에게 이 질문을 던져 보자.

지금 나는 누구를 위해서 이 상담을 하고 있는가?

나는 무엇을 위해 나를 방치해가며 이 일을 하고 있는가?

골방에 혼자 들어가 세상과 격리되는 정도는 아니더라도, 때로는 외부의 소음을 차단하고 내 안의 목소리에 귀기울여야 한다. 이러한 것을 우선순위에 두면 작게는 친구들과의 만남, 취미 생활, 크게는 금전적인 손해까지 감수해야겠지만, 외면할 수만은 없는 것이다. 바쁠수록 스스로 뛰어가는 속도를 조절하고, 자기의 몸과 마음을 새롭게 다듬을 수 있는 시간이 필요하다. 그렇지 않으면 우리는 언젠가 그보다 더 큰 대가를 치르게 될 수 있다.

"언제 쉬었는지 기억도 안 나요."
"쉬지 못하게 된 이유를 앞으로 살펴봐야겠네요. 쉬는 법도 배워가고요."

다른 사람과 만나기를 꺼리고 혼자 있기 좋아하는 사람은 자기도취와 고독에 빠지기 쉽다. 하지만 혼자 있는 것을 견디지 못하는 사람은 사람들과 어울리는 중에도 공허한 감정에 빠진다. 그런 사람은 시끌벅적한 술집에서 여러 명의 친구와 대화를 나눈다고 해도 위로받지 못한다. 어차피 그렇게 나누는 대화는 공중에 흩어지는 허무한 말들일 테니. 누구나 다른 사람들과 잘 지내고 의미 있는 관계를 이어가려면 스스로 단단해져야 한다. 안으로 평안하고 에너지가 방전되지 않아야, 자신의 정체성과 사회에서의 위치를 찾고 안정된 생활을 할 수 있다. 사는 게 재미없고 점점 무기력해지는 자신을 발견했다면 괴로워만할 게 아니라 의도적으로라도 '쉼'을 실천해야 한다. 휴양지에서 뿐만 아니라, 바쁜 일상 가운데서도 얼마든지 실행할 수 있다.

"쉬는 법이요? 쉬는 법도 배울 수 있나요?"

"A 씨는 쉬는 법을 아나요?"

"아뇨……. 잘 모르겠어요."

"모르면 배워야죠. 근데 내 생각엔 이미 알고 있을 것 같은데. 우선 쉬운 것부터 시작하는 거예요. 이를테면 가족이 일어나기 전에 홀로 일어나 창밖을 내다보며 심호흡을 한다든지, 출근시간 지옥철에서도 좋은 음악에 집중한다든지, 바쁜 오전 업무를 끝내놓고 점심을 먹기 선에 파란 하늘을 올려다보는 것. 어때요, 어렵지 않죠? 이런 연습을 의식적으로 하다 보면 어느새 자연스럽게 길거리에 핀 꽃이나 풀에도 눈이 즐거워질 때가 올 거예요. 중요한 건, 이럴 때 일에 대한 부담을 느끼거나, 다이어트에 대해 고민하지 말아야한다는 거예요. 아, 이 방법도 좋겠네요. 잠시 시간을 내어서 갓 구운 빵을 사러 가 보세요. 살찌는 것에 대해 걱정하지 말고요. 갓 구운 빵 냄새 얼마나 좋은지 알아요? 꼭 시도해 보세요. 나도 모르게 빵을 먹게 돼도 절대 스트레스 받지 말고 즐겁게, 음미하면서 먹도록!^-^ 살은 운동이나 약효로도 뺄 수 있으니까요."

"네, 선생님. 지금 생각하면 쉬운 일들 같은데, 잘 될지 모르겠어요. 오늘은 일단 잠자리에 들기 전 시간을 이용해서라도 홀로 생각하는 시간을 가져볼게요."

쓴웃음을 지으며 돌아서서 상담실을 나가는 A. 평소보다 어깨가 더 처진 것 같다. A의 뒷모습을 보고 불러 세웠다. 미처 하지 못했던 말이 떠올라서였다.

"지금은……, 덮어두었던 상처를 들추기 시작한 상태라 힘들겠지만, 점점 더 좋아질 거예요."

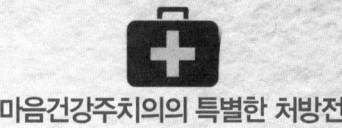

마음건강주치의의 특별한 처방전

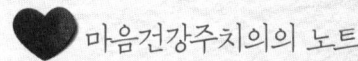 마음건강주치의의 노트

> 상담시간에 A에게 말한 순간들은 누구나 흔히 놓치며 사는 시간들이다. 인위적이지만 이런 작은 '쉼'을 찾으면 바쁘게 몰아치는 습관을 서서히 변화시킬 수 있다. 결국 진정한 휴식은 주변을 있는 그대로 이용하고 받아들일 때 누릴 수 있다.

📞 상담내용

피곤하고 짜증나는 일인 것을 알면서도 남에게 인정받기 위해 노력하는 그녀의 인생. 쉼이 없는 생활, 심리적 허기, 탈진이 폭식의 원인이다. 얼마나 고달프고 지쳐 있을까?

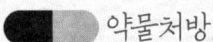 약물처방

프로작 10mg 1T (아직 용량을 올릴 필요는 없다)

Self Test _ 우울증 자가진단

아래의 20개의 질문에 대해 4가지로 답할 수 있다.

☐ 항상 그렇다 3점   ☐ 자주 그렇다 2점

☐ 가끔 그렇다 1점   ☐ 아니다, 또는 그렇지 않다 0점

Question

1. 자주 슬퍼진다
2. '나는 실패자다'라는 생각이 든다
3. 미래에 대해 비관적이다
4. 일상생활에 만족하지 못한다
5. 쉽게 피로를 느낀다
6. 식욕이 떨어진다
7. 이유없이 살이 빠졌다
8. 건강에 자신이 없다
9. 죄책감을 자주 느낀다
10. 벌을 받고 있다는 생각이 들 때가 많다
11. 스스로가 실망스럽다
12. 다른 사람보다 못하단 생각이 들 때가 있다
13. 자살을 생각해본 적이 있다

14. 다른 사람들에게 관심이 없다

15. 내가 추하게 느껴진다

16. 일할 의욕이 없다.

17. 잠자리에 잘 들지 못한다

18. 성생활에 대한 관심을 잃었다

19. 평소보다 우는 일이 많아졌다

20. 평소보다 화를 더 많이 낸다

Diagnsis

0~10 점
현재로서 우울하진 않다

11~20 점
정상적인 범주이지만 가벼운 우울 상태이다

자신의 기분을 새로이 하려는 노력을 요한다

21~30 점
무시하기 힘든 우울 상태이다

우울상태를 벗어나기 위한 적극적 노력이 필요하다

이런 상태에서는 2개월 이상 지속 될 경우 전문가의 도움이 필요하다

31 점 ~ 이상
심각한 우울상태. 빠른 시간 안에 전문가의 도움을 받으래!

목요일의 여자 B

인생의 2막, 아이들을 놓아주어라

> 저 살이 잘 빠지고 있나요?

B가 상담실에 들어오고, 간호사가 B의 체성분 분석표를 가져다주었다. 환자가 체중계에 오를 때 떨리는 것처럼, 의사도 그들의 체성분 분석표를 보기 전에 긴장하는 것을 알고 있을까? B의 체성분 분석표에는 다행히도 지난 한 주 동안 있어야 할 변화들이 눈에 보였다. 체중은 3kg이나 줄어들었고, 체지방도 줄어들었다. 다이어트 초기에 나타나야 할 수분 양의 감소도 있었다.

비만치료 2주차. 환자와 주치의 모두 긴장되는 기간이다. 2주차가 되면 특히 긴장해야 한다. 이유인즉, 2주라는 시간이 경과한 후의 결과가 앞날을 결정짓는다 해도 과언이 아니기 때문이다. 만약 체중감량이 잘 이루어지지 않았다면, 앞으로도 힘들 것임을 뜻한다. 그래서 다이어트 업체의 '14일 동안의 기적'이라는 카피문구도 있지 않은가. 나 역시 2주차 결과를 근거로 성공 여부를 점친다.

B는 다행히도 2주 만에 3kg을 감량했다.

"살이 아주 잘 빠지고 있네요. 몸이 좀 가벼워지셨죠? 이 정도 빠지면 몸 움직이는 것부터 다를 텐데?"
"아직은 잘 모르겠어요. 숫자는 줄어들었는데 몸은 여진히 무거운 것 같기노 하고……."
"괜찮아요. 일단 우리가 목표하는 대로 잘 되어가고 있어요. 보통 일주일에 1키로 정도 빠지는데, 그 이상 빠지면 오히려 수분만 빠져나가니까 너무 서두르는 것도 위험해요. 무리하지 않고 이렇게만 지내면 다음 주면 확실히 가벼워진 걸 느낄 수 있어요."

엄마와 딸, 딸과 엄마 _ 골때리는 모녀관계

비만 치료를 하다보면 체중이 빠지고 있는데도 안 빠진다고 우기는 환자가 있다. 반대로, 체중이 별로 안 빠졌는데도 잘 되고 있다고 믿는 무한긍정형 환자도 있다. 의사는 전자 때문에 기분 나빠할 필요도, 후자 때문에 기분 좋아할 필요도 없다. 체중변화에 대한 반응은 성격에 따라 다르게 나타나는 것일 뿐. 그런 반응은 그저 환자의 성격을 파악하는 정보로 쓰면 된다. 의사가 중심을 잘 잡아야 환자도 현실을 똑바로 볼 수 있다. 혹시 살이 많이 빠졌는데도 반응이 미지근한 게 영 찝찝하다면, 환자에게 다이어트의 동기부여를 다시 한 번 해주는 게 좋다.

"처음 클리닉에 올 때, 어떤 마음으로 오셨어요? 다들 마음 단단히 먹고 오시던데."

"글쎄요. 일단 혼자서는 힘드니까 왔죠. 그리고 지금이 아니면 영영 못 뺄 것 같은 기분도 들었고……. 다이어트 시도는 늘 했었거든요. 살 빠진다는 허브티도 사서 찬장에 몰래 숨겨 놓고. 결국 딸애가 발견해서……. 우리 딸이 이번에 대학 들어갔거든요. 언젠가 소리를 꽥 지르면서 '엄마! 옷이 그게 뭐야. 엄마도 살 좀 빼!' 그러지 뭐예요. 그 말 듣고 갑자기 확 성질나서 병원이라도 가봐야겠다, 다짐했어요."

"따님의 말이 상처가 됐나요? 또 다른 일로 속상하게 한 적은 없었나요?"

"쑥스럽지만, 그 순간에는 눈물이 날 뻔 했어요. 공부시키고 뒷바라지 다 해줬더니……. 누구 때문에 이렇게 퍼지도록 관리 못했는지 알기는 알까. 요즘엔 툭하면 짜증내고 엄마 무시하고."

얼마나 속이 상했을까. 전업주부의 유일한 희망이자 삶의 완성은 자식이라던데. 딸의 말이 얼마나 마음을 아프게 했을까. 이래서 자식이 성장하고 똑똑해질수록 어머니들은 우울한가 보다. 먹이고 입히고 키워놨더니 이제 와서 무시한다는 말, 나올 만하다. 그게 낳아주고 길러준 엄마에게 할 소린가? 이렇게 같이 열 받고 있지만, 나도 그리 좋은 딸은 아니었기에 반성하게 된다.

B는 우울한 표정으로 딸의 이야기를 했다. 딸이 짜증을 내며 문을 쾅 닫고 나가버리면 본인의 마음 한가운데서 뭔가 '펑!' 하고 터져버리는 것 같은 기분이라고. 그럴 때마다 씩씩거리며 부엌으로 향했다고 한다. 냉장고에 먹을 것 찾으러.

서양의 엄마들과 우리나라의 엄마들의 우울증을 비교·연구한 책이 있다. 서양의 엄마들과는 달리, 우리나라 엄마들은 자녀의 행복과 불행을 자신의 것으로 간주한다는 내용이 있다. 이것은 어찌보면 우리나라 사회에 전반적으로 깔려 있는 정서이기도 하다. 때문에 아이의 미래를 위해 어떤 희생도 마다하지 않고, 자나 깨나 자식 걱정뿐인 엄마들이 참 많다. 하지만 과연 아이들은 그런 엄마들의 사랑을 온전히 받아들이며 자랄까? 아이러니하게도 아이의 마음에 생긴 깊은 상처 중 상당부분은 엄마가 원인인 경우가 많다.

엄마에게 받은 상처 때문에 힘들어 했던 환자가 떠오른다.

'결혼해서 나도 애를 키우고 있지만, 우리 엄마 마음은 지금도 이해할 수 없어요. 가까워지고 싶은 생각도 안 들어요. 우리 엄마 같은 엄마는 절대 안 될 거에요'라고 말하는 그녀의 얼굴에는 분노가 역력했다. 그녀의 어머니는 무엇을 그렇게 잘못하신 걸까. 어떤 엄마들은 자신의 딸이 왜 이런 이야기를 하는지 원인조차 모른다. 모를 수밖에. 그들은 그저 자녀를 사랑한 죄밖에 없다. 사랑하니까 잘 되라고 잔소리하고, 간섭하고, 부담주고, 조바심 내다보니 자녀에게 상처를 주고 만 것이다. B도 딸에게 그랬을까?

"요즘엔 친구사이 같은 모녀도 있는데 딸이 엄마 마음을 너무 몰라주네요. 많이 섭섭하셨겠어요."
"……."

내 위로를 들은 B의 눈시울이 붉어졌다. 이런 순간 나는 항상 고민에 빠진다. 책상 위에 있는 티슈에 손을 뻗어야하나, 말아야 하나. 상담 중에 눈물을 흘리는 환자에게 휴지를 바로 주면, '이제 그만 하세요. 눈물 뚝'이라는 식의 메시지로 전달될 수 있기 때문이다. 무작정 휴지를 건네는 게 오히려 불친절하게 느껴지고 상담의 흐름을 방해하기도 한다. 하지만 뚝뚝 흐르는 눈물을 연신 손으로 훔치는 환자의 모습을 보는 것도 가슴 아픈 일이다. B의 눈물을 마주보고 있기 힘들어 티슈상자로 눈을 돌렸다. 건넬 타이밍이다.

"공부를 잘해줘서 대견해요. 요즘 비싼 과외 안 하고 이름난 대학 가기가 어디 쉬운가요? 그래도 걘 공부로 부모 속 썩인 적은 없었어요."

우리 엄마가 달라졌어요

공부를 잘해 속 썩인 적 없다는 딸, 그 딸 때문에 눈물을 흘리면서도 칭찬하는 엄마. 가까운 소아정신과 전문의는 엄마와 아이 관계의 중요한 포인트에 대해 오해하는 사람들이 많다고 했다. '우리 아이가 달라졌어요'가 아니라 '우리 엄마가 달라졌어요'가 필요하다는 것이다. 엄마 눈치를 보며 '어른스럽고 착한 아이'의 연기를 하는 아이들이 과연 행복할까? 엄마들은 자식 잘되라고 하는 일에 아이들이 상처받고 있다는 사실을 알까?

서초구 학원가 건너편에서 병원을 하고 있으니, 아이들 교육 때문에 이사 온 엄마들을 많이 만난다. 반포에 있는 한 아파트에는 최근 외부에서 유입된 가구가 절반 이상이라고 한다. 학군이 좋은 곳에서 공부시켜야 좋은 대학에 갈 수 있다는 믿음 때문일까. 요즘 엄마들은 좋은 엄마가 되기 위한 노력으로 본인들도 공부를 한다. 자녀 키우기가 자신의 능력이자 경력이 되었고, 자녀의 성적이 자존심이 된 지 오래다. 이 책을 쓰는 동안, 공부를 강요했다는 이유로 엄마를 살해한 고3 남학생의 뉴스를 접했다. 8개월을 방치하고 심지어 수능시험도 치렀다. 너무나 충격적이고 말도 안 되는 일이기에 이해하려는 생각조차 하지 않았다.

내가 받은 충격만큼 환자들의 반응 역시 뜨거웠다. 최진실의 자살 이후 진료실에서 가장 많이 언급된 뉴스가 아닌가 싶다. 환자들을 상대하고 있다 보니, 갑자기 이런 생각이 들었다. 도대체 얼마나, 어떻게 강요했기에? 물론 아무리 그렇다 해도 있어서는 안 될 일이지만, 정신과 전문의로서 심리상태를 헤아려 보지 않을 수 없었다.

엄마들은 그 뉴스를 보면서 어떤 생각을 했을까? 본인의 좋은 학벌과 직장을 버리고 한 남자의 아내로, 아이들의 엄마로 남기를 선택한……. 한때는 자유로운 '여자'였던 그들은 이제 훌륭한 엄마가 돼야한다는 의지를 불태우고 있다. 그들은 아이들 위해 노력하고 있지만, 그 노력이 아이를 정말 행복하게 하는 것일까? 엄마로 인해 상처받은 아이에 대해 말할 때면, 억울함을 호소하는 엄마들도 있다.

"단 한 번도 체벌한 적이 없고, 험한 말을 한 것도 아니고, 부족하게 해준 게 없는데 대체 왜?"

그렇게 잘 해주었는데 아이는 왜 엄마의 눈치를 보는 것일까? 왜 엄마의 반응에 따라 기가 죽는 것일까?

나 역시 질풍노도의 시절이 있었다. 엄마의 권유로 의대에 입학했는데, 공부가 힘들 때마다 엄마를 원망했었다. '의사가 그렇게 좋으면 엄마가 하지 왜 나한테 강요했어?'라며 엄마에게 대든 적도 있다. 그럴 때마다 우리 엄마도 져주지 않았다. '그렇게 힘들었어?'라는 말로 따뜻하게 감싸주길 바랐는데……. 엄마는 항상 이성적으로, 현실을 직시하도록 일깨워줄 뿐이었다. 의대 졸업 후, 겨우 철이 들어 '엄마 덕분에 의사가 될 수 있었어'라고 인사를 했다. 하지만 지금도 나의 힘들었던 시절 엄마가 따뜻하게 감싸주었더라면 엄마와 더 친한 사이가 되지 않았을까 하는 아쉬움이 남아 있다.

"요즘 엄마를 무시하는 것 외에 따님과 또 다른 문제는 없나요?"

"애가 너무 늦게 다녀서 문제에요. 이젠 다 컸다고 늦는다고 허락도 안 받아요. 어딜 싸돌아다니는지 연락도 잘 안 되고. 심할 땐 새벽 두세 시까지 안 들어와요. 그럼 난 또 기다리느라 잠도 못 자고 이것저것 주워 먹게 되고. 이 살이 괜히 찌는 게 아니라니까."

B는 언제 울었냐는 듯 씩씩거리며 말했다. 역시. 엄마들은 자식 자랑할 때, 말이 느려지고, 자식 욕할 때 말이 빨라진다.

"모녀지간이 친구 같다면 좋겠지만, 억지로 되는 건 아니에요. 아시죠? 거기다 대학생이니 자기 할 일은 알아서 하려고 하겠죠. 가끔 알아서 하도록 놔둬 보세요. 어릴 때는 하나부터 열까지 보살펴줘야 했지만, 점점 엄마의 관심이 간섭으로 느껴질 나이잖아요. 물론 엄마로서 그걸 인정하는 게 힘들겠지만요……."

　우리나라 엄마들의 장점은 아이에 대한 관심과 사랑이 넘친다는 것이고, 단점은 그 관심에서 아이를 놓아주어야 할 때를 잘 모른다는 것이다. 자녀가 다 커서 엄마가 원하는 방향대로 따라오지 않는다고 해서 '넌 내 거야'라며 집착하거나 '내가 널 어떻게 키웠는데'라며 배신감에 치를 떨 필요는 없다. 어린 아이를 어른으로 만들기 위해 키운 것이지, 내 옆에 세워두려고 키운 건 아니지 않은가. 해결책은 단 한 가지. 부모가 인생의 2막에 들어서면, 아이를 놓아주는 것이다. 그리고 아이보다 먼저 행복해야 한다. 행복한 엄마가 행복한 아이를 만든다.

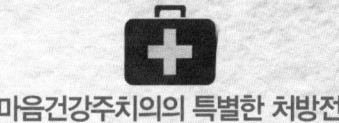

마음건강주치의의 특별한 처방전

♥ 마음건강주치의의 노트

- 행복한 사람 옆에 사람들이 모이는 법이다. 늘 간섭하고 잔소리만 하는 사람과 함께 시간을 보내고 싶은 사람이 과연 있을까?

상담내용

엄마로서 인생을 헛살았다는 생각에 힘들어하는 B, 보상이 없는 일에 희생한 시간들이 허무하게 다가온다. 일단 딸과의 갈등을 해결할 방법을 생각해 본다. 스트레스 받는다고 폭식/거식을 하면 절대 안 된다. 충분한 수면 취하기도 꼭 기억해두길.

독서처방

「엄마가 아이를 아프게 한다」
아이를 행복하게 하는 좋은 엄마의 필독서

엄마가 생각하는 사랑이 아니라, 자녀에게 필요한 사랑을 주자.

Self Test "나는 좋은 엄마인가"

사랑인 줄 알고 저지른 엄마들의 잘못 리스트

☐ 자녀의 큰 꿈에만 박수쳐 주었는가?

☐ 엄마의 꿈을 자녀의 꿈이라고 착각하지 않았는가?

☐ 엄마 말 잘 들어야 착하다고 칭찬했는가?

☐ 아이답지 않고 어른스러워야 좋아했는가?

☐ 규칙과 약속을 꼭 지키게 했는가?

☐ 엄마 취향과 같은 것을 고를 때만 허용했는가?

☐ 슬픔이나 고통을 공감하기보다 해결해주기 위해서만 노력했는가?

☐ "너는 내 전부다"라고 부담을 주지 않았는가?

☐ 실패할까 두려워 미리 지적하고 잔소리하지 않았는가?

☐ 아이와 마음을 나눈다고 엄마의 생각을 여과 없이 쏟아냈는가?

☐ 자만하지 말라고 남들 앞에서 깎아내리는 말을 하지 않았는가?

☐ 조용히 책을 읽고 있으면 안심했는가?

☐ 아이 자신보다 아이에 대해 더 잘 알고 있다고 생각했는가?

☐ 전문가나 책에서 시키는 대로 했는가?

☐ 아이를 울리지 않으려고 노력했는가?

☐ 체벌하지 않고 다그치지 않으니 괜찮다고 생각했는가?

H E A L I N G

D I E T

네번째주
진료실
엿보기

지킬앤 하이드 · 그녀의 이중생활

또 다시 화요일. A를 기다리며 스트레칭을 한 번 해 봤다. 화요일은 특히 오전에 클리닉을 찾는 사람들이 많다.

차트를 보며 지난 주 A와 나눈 상담 내용을 떠올렸다. 휴식에 대해 조언했던 것이 생각났다. 나 역시 누구보다 바쁘게 살고 있지만, 상담시간에 한 조언을 스스로도 되새기려 노력하고 있다.

이렇게 내담자를 기다리는 잠깐 동안의 여유가 내게는 '쉼'의 시간이 될 수 있다. A를 비롯한 많은 내담자들이 힘들이지 않고도 휴식을 취할 수 있는 때가 오길 간절히 바라본다.

마음 놓고 쉴 시간

"한 주 동안 자신을 위한 시간을 가져봤어요?"

내 인사말을 듣더니 A의 얼굴이 울상이 된다.

"아뇨……. 선생님도 이해하시죠? 회사원의 생활. 특히 이번 주에는 화장실 갈 시간도 없이 바빴어요. 선생님이랑 대화할 땐 쉬울 것 같았는데 나만을 위한 휴식시간을 갖는 게 만만한 일이 아니더라고요. 그래도 이번 주에는 한 번도 폭식을 하지 않았어요."

A의 말처럼 휴식을 취하라는 내 숙제가 쉽고 간단해 보이지만 10분도 실천하기 힘든 게 현실이다. 실제로 단 한 번도 실천하지 못하는 사람들이 주변에 너무 많다. 특히 우리의 현실은 휴식을 취하면 죄책감마저 들게 하는 것 같다. 심지어 일했으니 쉬는 게 아니라, 일하기 위해 잠깐의 휴식을 취하는 경우가 더 많은 것 같다. 유럽의 어느 나라 사람들은 한 달의 휴가를 위해 나머지 열한 달을 열심히 일한다고 한다. 우리에게 스스로의 내면을 들여다보고 혼자만의 시간을 갖는 것은 사치인 걸까.

"저는 아마 선생님의 그 숙제를 평생 못할지도 몰라요. 어릴 때부터 이렇게 살아왔거든요. 오죽하면 저한테 욕심이 많은 엄마마저 팍팍하게 산다고 말씀하실 정도예요. 내가 누구 때문에 이렇게 됐는데…….."

A는 또 자기비하를 시작했다. 마음 같아서는 '평생 못하다니요, 우리 함께 해봐요' 하고 말해주고 싶었지만, 그녀를 위해 꾹 참고 듣기만 했다. 어머니 얘기가 나오자 거의 울 것 같은 표정이 되었다. 보통 한국의 딸들이 보여주는 엄마에 대한 미안함, 연민, 애정 등이 담긴 표정은 아니었다. A의 문제는 어쩌면 어머니와의 관계에서 시작된 걸까?

"이제 와서 이런 얘기하는 것도 우습지만 우리 엄마는 좀 유별나시거든요. 다른 면에서는 그런 게 없는데 유독 저한테만 욕심을 내셨어요. 저는 어린 나이에 엄마한테 인정받고, 칭찬받고 싶어서 죽도록 노력했어요. 좋은 성적, 좋은 평가, 좋은 스펙. 온전히 제 욕심만은 아니었어요."
"그래도 어머니 덕분에 노력해서 남들이 다 부러워하는 커리어우먼이 되었네요."

그녀는 실제로 연예인 뺨을 두어 대쯤은 가볍게 후려칠 수 있을 정도로 매력적인 여자였다. 자기 자신이 그걸 모른다는 게 가장 큰 흠이긴 하지만.

"원래 전 욕심이 많지 않은 사람이었어요. 근데 이제와 돌이켜보면 항상 뭔가 부족한 것 같다는 생각에 시달리며 살아왔죠. 다른 사람들을 보면 무슨 일이든 더 해야만 할 것 같고, 잠시도 자신을 가만히 두지 못했어요. 잠깐 쉰다고 뒤처지는 것도 아닌데……. 머리로는 알지만 마음은 안 그래요. 꼭 무언가에 쫓기는 사람처럼 휴식시간에도 항상 마음이 편치 않았죠. 이젠 내가 왜 그렇게 바쁘게 살았는지, 조급해하며 사는지 이유도 모르겠어요."

몸은 가볍게, 자존감은 무겁게

아무리 스펙 좋은 커리어우먼이라도 비교대상을 두면 항상 뒤처지는 건 당연하다. 물론 경쟁상대나 롤모델이 있으면 자기발전에 큰 도움이 된다. 하지만 너무 집착하면 따라잡을 수 없을 것만 같고, 자신이 못난 사람처럼 여겨진다. 자기비하가 시작되는 것이다. 자기비하가 심해지면 자신을 함부로 대하고 망가뜨리는 일도 서슴지 않게 되는데, 극단적인 예로 초저열량 다이어트, 반복되는 성형, 무분별한 이성과의 만남 등이 있다. 자신의 가치를 의심하다 못해 결국은 바닥에 내던지게 되는 경우다. 있는 그대로의 모습으로도 충분히 훌륭한데, 조금 부족한 모습에만 초점을 맞추고 스스로를 못살게 구는 것이다.

"제 몸이 부서져라 일하는 것 정말 멈추고 싶어요. 폭식도 안하고 싶고……. 저를 편하게 내버려 두고 싶어요."

사실 얼마나 많은 사람들이 A와 같은 이유로 불필요한 에너지를 낭비하고 있는지 모른다. 다른 사람의 인정과 사랑을 받기 위해서 누가 시키지 않았는데도 몸이 부서져라 일하기도 하고, 타인의 시선을 지나치게 의식하기도 한다. 외모를 잘 갖추고 공부를 많이 한 사람일수록 그럴 확률이 높다. 누구에게나 객관적인 사실과는 무관하게 자신을 괴롭히는 '생각의 패턴'들이 있기 마련이다. 아무리 잘나가고 남들이 부러워하는 조건을 가졌더라도, 스스로를 떳떳하게 생각하지 못하고 존중하지 않는다면 누가 나를 존중해줄까? 내가 나를 천대하고 보살피지 않는다면 누가 나를 보듬어줄까?

이렇게 심리적 허기를 채우기 위해 강렬하고 짜릿한 자극을 찾아나서는 사람들이 많다. 일종의 항우울제가 필요한 것. 그것이 일이 될 수도, 쇼핑, 음주, 섹스가 될 수도 있다.

"무엇이 A 씨를 못살게 구는 것 같나요?"
"너무 많아서 다 얘기할 수 없을 정도에요."

이렇게 말하며 허탈하게 웃는 A. 속으로는 어떻게든 말하고 싶지만 차마 꺼내지 못하는 이야기가 있을 때 나오는 웃음이다. 부모의 기대를 한 몸에 받은 장녀로서 그녀가 가졌던 부담을 다 알 수는 없다. 하지만, 털어놓으면 조금은 풀리는 게 사실이다. 그게 내가 여기 앉아 있는 이유이기도 하고.

A는 부모가 그려놓은 너무도 이상적인 자식의 모습을, 마치

자신의 목표인 것처럼 스스로를 채찍질하며 살았다. 그러다 보니 어릴 때부터 휴식이 없었다. 사춘기가 되면서 성적은 좋았지만 정서적으로는 늘 일탈을 꿈꾸는 '문제아'였다. 가끔 문제를 일으키기도 했지만, 좋은 성적 덕분에 학교에서나 부모님에게 면죄부를 받았었다. 고3 때는 극도의 스트레스 속에서도 공부에 몰입하여 좋은 대학에 입학했지만, 이미 쌓일 대로 쌓인 스트레스와 탈진은 그녀를 힘들게만 했다.

"제 모습을 솔직히 말하면 선생님도 놀라실 걸요. 지킬 앤 하이드가 따로 없어요."

머뭇거리며 하는 고백. 상담자에 대한 신뢰가 어느 정도 쌓였다는 증거이다. 나는 그녀가 말해줄 때까지 잠자코 기다렸다.

"사실 낮에는 완벽한 모범생 같지만, 밤에는 몰래 클럽에도 가고, 춤추다가 남자도 만나고 새벽 늦게까지 집에 들어가지 않은 적도 많아요. 부모님이야 독서실에서 공부하겠거니, 하고 믿으셨나 봐요. 이 사실을 알면 아마 경악하시겠죠."
"그래요? 나름대로 스릴 있게 생활을 하셨네요. 얘기를 좀 더 들려주세요."

A는 말하기 망설여지는지 잠깐 숨을 골랐다.

이미 지친 그녀에게는 좋은 학벌도, 세련된 외모도 위로가 되지 못했다. 내면 깊은 곳에서 느껴지는 허기를 달래기 위해 일탈을 감행했던 것일까. 이중생활의 내용을 다 듣지 않더라도 나는 알 수 있었다. 이제와 돌이켜보면 스스로 자신을 아끼지 않고 망치는 행동들이 얼마나 더 허무한 짓이었는지 깨달았을 것이다. 그녀도 자신의 그런 모습이 수치스럽겠지만, 멈추지 못한 이유도 분명 있을 것이다.

오후 진료를 마친 후, 저녁에 교회에서 하는 치유 집회에 갔다. 대부분의 정신과 의사들은 교회에서 쓰는 '치유'라는 말을 싫어한다. 교회에서 이루어지는 '치유' 사역이 비과학적이라는 생각 때문에 뿌리 깊은 불신이 있는 것이다. 나는 의사이면서도 그런 생각은 하지 않는다. 기독교인이라서가 아니라, 정신과의사이기 때문에 종교가 주는 위로와 '치유'에 대해서 더 잘 알아야한다는 게 내 입장이다.

그날 기도시간에 '세상에서 경험하지 못한 신령하고 소중한 것을 보게 될 것'이라는 생각이 갑자기 들었다. 이것이 내 기도에 대한 응답인가 싶어, '오늘 이 자리에서 누군가 대단한 치유를 경험하려나 보다'라는 생각으로 기대를 했다. 하지만 두 시간이 넘고, 예배 마지막 시간까지 그런 기미가 보이지 않았다. 마지막 기도 시간이 되었다.

'아까 저에게 말씀하셨던 소중한 것은 무엇인가요?'

너무나도 간결하고 유머러스한 영어 한 문장이 내 마음속에 메아리쳤다.

"The Precious is You."

이 간단한 한 문장이 나를 무너지게 만들었다. 그때까지 나는 집회에서도 어떤 기적을 볼 것인지, 사람들에게 치유가 어떻게 일어날까라는 생각만 했다. 하나님을 향한 호기심도, 나 자신을 위한 호기심도 아니었다. 나는 그 자리에 정신과 전문의로 앉아서 있었던 것이다. 순간 화요일의 여자 A와 다를 바 없는 일중독자라는 생각이 들었다.

내 존재를 있는 그대로 받아들인다는 것이 얼마나 힘든 것인가. 언제쯤 그런 삶을 살 수 있을까. 내 존재를 있는 그대로 받아들이면서 스스로의 색을 찾을 수 있을까? 우리는 한 사람, 한 사람 그 존재 자체가 소중한데, 왜 부족한 것만을 보고 스스로를 낮추는 것일까.

마음건강주치의의 특별한 처방전

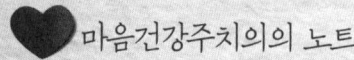 마음건강주치의의 노트

폭식증은 거의 사라졌지만, 상담이 진행될수록 A 내면의 상처가 깊다는 것을 느낄 수 있다. 첫 만남 때 느낀 것처럼 다이어트로만 해결될 문제는 아니다. 어떻게 하면 그녀가 자신을 사랑하고, 아끼고, 돌보게 할 수 있을까? 우리가 속한 세상의 중심은 '나'이고, 자신을 위해 사는 것이 중요하다는 걸 꼭 알아줬으면 좋겠다.

 상담내용

폭식행동은 없어짐. 스트레스성 뇌탈진, 만성피로.

이중적인 생활 | 경계성인격성향(일중독, 자기파괴적 행동),

세로토닌 결핍 | 프로작 20mg (SSRI|Selective Serotonin Reuptake Inhibitor 세로토닌 재흡수를 억제함으로써 신경 시냅스 내에서 세로토닌의 농도를 높임. 세로토닌은 신경전달물질로 행복호르몬으로 불린다) 처방

 목욕처방

내 발가락이 이렇게 생겼구나!

스트레스가 나를 압도하는 순간이 찾아오면 과감히 나만의 공간으로 도망칠 줄도 알아야 한다. 먹는 것으로 스트레스를 푸는 것보다 더 좋은 방법이 있는지 꼭 찾아보길 권한다. 내가 알고 있는 괜찮은 방법 한 가지를 소개하자면, '목욕'이다. 별 거 아니라 실망했을지 모르지만, 내게는 목욕을 할 때만큼 소중한 시간이 없다. 생활 속에서 늘 긴장하며 타인과 부딪히고, 자신에게 혹독한 채찍질을 하며 살아가는 불쌍한 자아가 위로받을 시간이 잠깐은 있어야하지 않을까. '있는 그대로의 나'를 바라보고, 받아 줄 수 있는 시간. 나는 목욕시간을 그렇게 이용한다. 나와 '벌거벗은 그대로의 나'가 유일하게 만날 수 있는 시간.

정신의학적으로 목욕은 '부교감신경'을 자극하여 긴장상태를 풀어준다. 긴장을 하게 되면 교감신경이 반응하며 아드레날린, 엔도르핀, 스테로이드 등과 같은 스트레스 호르몬이 분비된다. 반대로 부교감신경이 자극을 받으면 근육이 이완되고 정신이 맑아져 숙면에도 도움을 준다. 이외에도 목욕은 혈액순환, 모공청소, 말초혈액확장 등 다양한 효과로 스트레스를 풀어 준다. 그 중에서 내가 생각하는 목욕의 최대 장점은 모든 감각을 나에게만 집중할 수 있다는 것이다. 하루 종일 신고 있던 타이트한 스타킹에서 벗어나듯 홀가분한 느낌으로 적당히 기분 좋은 온도의 물속에서 오롯이 나만을 위해 명상하고, 쉴 수 있는 시간. 그때만큼은 바깥의 날씨도, 상사의 잔소리도, 부모님의 간섭도 방해하지 못하는 순간이다.
우선 욕조 한가득 따뜻한 물을 받아놓고 비누거품을 내보자. 보들보들 거품으로 그동안 내팽개쳐 놓았던 몸의 구석구석을 쓰다듬어주며 나를 위로하자.

'내 발가락이 이렇게 생겼구나'
'뱃살이 조금 나왔지만, 나름 귀엽잖아?'
'난 충분히 잘 하고 있어. 이제 그 일은 잊어버리자'

누가 뭐랄 사람도 없고, 비웃을 사람도 없으니 마음껏 나를 사랑해주자!
욕조로 향하는 여행은 큰 대가를 지불하지 않아도 몸과 마음을 치유할 수 있는 세상에서 가장 쉬운 방법이다. 물론 한 번 할 때 확실한 효과를 볼 수 있기 바란다. 욕조에 받아 놓은 물이 아깝지 않도록^^!!

목요일의 여자 B

돈보다 격이 있는 삶

"저는 왜 즐기지 못하는 걸까요? 지금까지도 왜 이렇게 살았는지 모르겠어요. 힘들고 재미없게 살면서 그런 줄도 모른 채. 지난주에 엄마가 행복해야 한다는 선생님 말을 듣고 생각해봤지만……. 사실 갱년기 아줌마가 무슨 재미가 있겠어요?"

이제는 시들어버린 노년의 여배우들을 보면서 '인생무상'을 느끼는 갱년기 여성이, 먹고 사는 것 자체가 힘든데 행복은 무슨 놈의 행복이냐 이거다.

애초에 '내가 이 나이에 무슨……'이라고 생각하거나, 나이

들었다는 이유만으로 징징대면서 무슨 행복을 찾겠다는 건지? 현재 내 나이에서도 행복할 수 있어야 한다. 그래야 주변 사람들도 내 곁에 계속 머무르고 싶어 할 것이다. 얼마 전, 소위 대박이 난 영화 '써니'를 보며 가장 즐겁고 감동받은 이들은 분명 B 또래의 여성일 것이다. 내가 지금 40대든, 50대든 분명 청춘은 있었다. 그때의 마음을 떠올린다면 충분히 젊게, 행복하게 살 수 있다.

갱년기 아줌마의 행복

"자녀들은 다 컸으니, 남편과 남은 시간들을 어떻게 즐기며 보낼지 생각하시면 좋겠네요."

"선생님, 무슨 소리에요. 벌써 남편이 점점 귀찮아지는구만. 밥하기도 싫은데 밖에 나가서 먹고 들어오면 얼마나 좋을까, 하는 생각까지 해요. 그이랑 나는 취미나 관심사가 너무 달라서 같이 뭘 하려면 행복하기보다 오히려 더 스트레스 받아요."

B는 남편의 이야기를 꺼내니 손을 휘휘 저으며 귀찮다는 듯 말했다. 자녀에 대해 말할 때와는 완전 상반되는 반응이다. 당황스럽군.

"그렇다면……. 다른 행복을 찾아봐야겠네요."

행복해지고 싶지 않은 사람이 어디 있을까? 하지만 그들 대부분이 행복해지기만을 바라고 행복을 위한 노력은 하지 않는다. B역시 비슷한 부류인 것 같다. 행복하게 만드는 요인은 무엇이 있을까? 행복해지려면 무슨 노력을 해야 할까?

사람을 행복하게 만드는 요인에 대한 분석을 한 것이 바로 '행복학'이다. 하버드대에서는 이미 유명해진 이 '행복학'의 결론은, 우리가 연습하고 노력한 만큼 행복을 더 쉽게 얻을 수 있다는 것이다. 즉, 행복은 습관인 것이다.

행복에 대한 연구 결과들을 훑어보면, 우리의 예상에서 한참 벗어나있음을 알 수 있다. 소득수준, 나이, 성별, 교육수준 등은 행복의 조건이 아니라면 믿겠는가? 이 객관적인 삶의 지표들은 행복에 대해 15%도 보장해주지 않는다. 얼마나 부유한지, 얼마나 똑똑한지는 행복해지는 데 도움을 주지 못한다는 결론. 이는 객관적인 조건이나 상황보다, 각기 닥친 상황을 어떤 자세로 인식perception하는가가 더 중요하다는 것이다. 이것은 우울증의 치료에도 흔히 쓰이는 인지행동치료와도 밀접한 관련이 있다. 지금은 매우 식상해졌지만, '자세'에 대해 논할 때 빠질 수 없는 '반잔의 물'이 대표적인 사례이다. 컵에 반 정도 담겨 있는 물을 보고 '겨우 이것밖에?'라고 생각하는 사람과 '물이 이만큼이나!'라고 생각하는 사람의 차이. 결국 행복은 '누가 행복한가'가 아니라, '어떻게 행복해지는가'가 중요한 것이다.

"행복이요? 음. 전 돈이 많으면 행복할 것 같아요. 지금

껏 남편이 벌어다준 돈으로만 살아서 내 마음대로 써 본 적이 없어요. 온전히 나를 위해 쓴 적도 없는 것 같고. 선생님은 클리닉으로 돈을 직접, 많이 버니까 이런 마음 모르시겠죠?"

한국 사람이면 대부분 의사에 대해 편견을 가지고 있다. 돈 걱정 모르고 살았을 거라는 생각. 나 역시 환자들에게 직·간접적으로 그런 질문을 많이 받는다. IMF 위기가 닥쳤을 때, 정신과 전공의였는데, 그때 내 월급이 백만 원도 채 안됐었다. 병원에 오는 환자뿐만 아니라, 주변에서도 경제적인 이유로 우울증을 앓거나, 자살, 이혼 등으로 무너지는 가정을 볼 수 있었다. 아무리 의사지만 한 개인이 이런 불행들을 지켜보며 이겨낼 방법이 없을 것 같았다. 돈이 사람을 이렇게까지 망가뜨릴 수 있구나, 싶었다. 돈이 많다가 한순간에 잃고 무너진 사람들은 불행할 수 있다. 하지만 반대로 갑자기 돈이 많아진다고 모두 행복할까? 전공의 시절보다 내 수입이 많아졌기 때문에 내가 행복한 것일까?

재벌가의 며느리였던 한 환자가 생각났다. 우울증 상담이 어느 정도 진행된 어느 날, 그녀가 한 고백이 참 인상적이었다. 기분이 다운될 때마다 명품관에 가고, 사고 싶은 것을 사면 기분이 좀 나아지는 것 같았지만 다 착각이었다고 했다. 지금도 비싼 가방과 고급스러운 옷을 걸치고 있지만, 이런 것 때문에 행복할 수 없다는 것이다. 그녀는 이제는 돈이 아니어도 누릴 수 있는 행복을 찾고 즐기고 싶다며 나에게 도움을 청했었다. 그렇게 말할 정도로 그녀가 회복되었다는 것이 반갑기도 했지만, 한편으로는 '나도 저렇게 말할 수 있을 정도로 돈이 많았으면 좋겠다'라는 감정이 생겨 순간 부끄러움을 느꼈었다.

목사님의 설교에서 들은 말이 생각났다.
'돈이 많으면 행복할 수 있다. 하지만 단순히 돈을 많이 가지고 있다고 행복한 것은 절대 아니다. 어떤 자세로, 어디에, 어떻게 쓰는지가 사람을 진정한 부자로 만들고, 돈의 노예로 만들기도 한다.'
돈뿐만이 아니다. 자신이 가진 행복할 수 있는 조건을 어떤 자세로 어떻게 이용하는지가 중요하다.

"돈이 많다면 어떤 일을 하고 싶은데요? 보통 여자들처럼 가방이나 구두를 좋아하시나요?"
"아뇨. 저는 명품 가방 하나 사느니, 그 돈으로 보고 싶은 공연을 보고, 가고 싶은 곳으로 여행도 다니고 싶어요."

B는 다행히도 '돈' 자체만을 원하는 사람이 아니다. 일단 행복해질 수 있는 바탕이 준비된 사람이었다. 내가 친한 친구에게 했던 말을 B에게 해주었다.

"명품가방 하나를 사고 나면 일주일 행복하지만, 그 돈으로 여행을 다녀온다면 평생 행복할 수 있죠. 추억이 생기니까요. 그리고 또 뭘 하고 싶으세요?"

B는 내 말에 기분이 좋아졌는지 눈을 반짝였다.

"음. 좋아하는 사람들을 모두 모아놓고 맛있는 음식을 먹으면서 즐겁게 시간을 보내고 싶어요. 물론 내 돈으로 한 턱 내고요."

확실히 B는 귀여운 아줌마다. 사람들이 이런 이유로만 돈 욕심을 내면 얼마나 좋을까?

행복은 습관이다

지인 중에 요양병원을 운영하는 정신과 의사가 있다. 그 친구는 주변에 사람이 많다. 항상 바쁜데도 작은 재미로 친구들을 즐겁게 해준다. 중년 남자인데도 친구들의 생일마다 작은 이벤트를 해주고 선물도 한다. 꼭 비싼 선물을 하는 것은 아니지만, 친구들은 그 작지만 예쁜 정성에 감동하는 것이다. 그가 인기 있는 이유 중 또 다른 하나는, 바쁜 와중에도 친구들과 자주 만나서 즐거운 시간을 보내려고 노력한다는 것이다. 그렇게 시간을 보내고 밥값이나 커피값을 계산할 때마다 상대방보다 1, 2만원 더 낼뿐이다. 가끔 만나서 밥을 크게 사는 것은 누구나 할 수 있는 일이지만, 상대에게 부담이 되거나 실례가 될 수 있다는 생각에 잘 하지 않는단다. 내 주변에서 진정한 멋쟁이를 꼽으라면 그를 말하겠다.

"좋아하는 사람들이면, 가족이랑 친구들. 참! 어려운 사람을 위해 능력 되는 대로 기부도 조금 하고 싶어요."

B는 이미 돈이 생기기라도 한 것처럼 들떠서 말했다. 단 돈 만원 한 장이라도 자신이 하고 싶을 일을 할 수 있다면 그게 바로 행복이 아닐까. 지갑 한 귀퉁이에 언제든지 내어줄 수 있는 기부금 조금을 항상 마련해둔다면, 어려운 사람을 돕고 나도 작은 행복을 느낄 수 있을 것이다. 지하철을 이용할 때마다 한번쯤은 겪어 봤을 것이다. 작은 바구니 하나를 들고 구걸하는 행인. 그 순간 마음이 내킨다면 그 사람이 정말 불쌍한 사람인지, 앵벌이인지 의심하지 말고 돈을 내어주자. 만약 실제로 그가 불쌍한 사람이 아닐지라도, 내 기분이 좋으면 그만 아닌가. 덤으로 그 모습을 보고 내 옆에 앉은 사람이 '아직은 살 만한 세상이다'라고 느끼게 된다면 또다른 행복을 선물하는 일이 될 테니.

"푼돈에 벌벌 떨지 않고 살았으면 좋겠어요. 알뜰한 주부라면 다들 시장에서 오백 원, 천 원씩 깎아 본 경험이 있을 거예요. 그럴 때마다 좀 야박한 게 아닌가 하는 생각도 들어요. 그런 알뜰한 주부들 덕분에 한국 경제가 이만큼

발전할 수 있었다지만, 장사하는 분들도 돈 벌려고 하는 건데 자꾸 깎아달라고 하기 미안하잖아요."

 "맞아요. 저도 재래시장에 가면 꼭 그래야하는 것처럼 물건 값을 깎게 돼요. 대형마트에 가서는 한 번도 그런 생각을 안 하면서. 일단 돈벼락 맞는 건 쉽지 않은 일이니까, 이번 주에는 행복하기 위한 작은 연습부터 해보세요. 제일 보고 싶었던 공연을 보거나, 여행을 해보고 오시면 어떨까요?"

혼자서 여행가 본 적이 단 한 번도 없는데 어떻게 가능하겠냐며 한숨을 쉬는 B. 여행은 힘들지 몰라도, 혼자 즐기는 시간을 한 번이라도 가져봤으면 좋겠다. 다음 주에 만날 때는 더 여유로운 모습으로 만날 수 있기를 바라며 B를 배웅한다.

마음건강주치의의 특별한 처방전

마음건강주치의의 노트

오늘은 체중 이야기는 단 한 번도 하지 않았다. B도 내 상담 패턴에 익숙해져가는 것 같아 다행이다. 다이어트에 집착하지 말고, 먼저 행복해지길 바라는 내 마음이 전해진 것일까. 다시 한 번 강조하지만, 행복은 습관이다.

달콤한 인생을 위한 Tip

돈으로 행복해지는 네 가지 방법

첫째 | 가진 돈으로 물건 하나보다는 경험을 사라
예를 들면, 공연을 보거나 여행을 가는 등 색다른 경험을 시도하라는 것이다. 물건은 한 번 사면 언젠가는 사라지지만, 경험은 평생 동안 추억이라는 선물을 남긴다.

둘째 | 주변 사람들에게 베풀어라
이것은 돈이 꼭 많아야만 할 수 있는 일이 아니다. 내 돈을 쓰면서도 함께 기뻐할 수 있는 사람이 있다면, 그만큼 행복한 일이 또 있을까? 큰돈을 들여서 밥을 사지는 못해도, 차를 한 잔 마시며 친구와 함께 시간을 보내라는 것이다. 그 즐거운 시간은 허기진 내 마음을 채워줄 것이다.

셋째 | 단돈 천 원이라도 좋으니 기부하라
지갑 한 귀퉁이에 언제든지 내어줄 수 있는 기부금을 마련해 보자. 기부금이라고 해서 거창하게 큰돈을 준비할 필요는 없다. 지하철에서 구걸하는 행인이든, 구세군 냄비이든 언제든지 내가 내킬 때 기분 좋게 낼 수 있도록 준비해 보자. 나로 인해 옆자리에 앉은 사람도 아직 우리 사회가 삭막하지 않다는 생각에 조금은 행복할 수 있지 않을까?

넷째 | 푼돈에 영혼을 팔지 말라
알뜰한 한국인이라면 '깎는' 문화에 익숙할 것이다. 콩나물 장수에게 오백 원을 깎기도 하고, 동대문에서 옷을 사면서 몇 천 원을 깎기도 한다. 대형마트에서 장을 보고 백화점에서 쇼핑을 하는 요즘, 재미로 흥정하는 게 대부분이다. 하지만 만약 정말 돈을 아끼려고 기를 쓰고 백 원, 이백 원을 깎는다면? 그로 인해 기분이 상하더라도 괜찮을까? 된장녀가 되라는 말이 아니다. 내가 그 돈 없이 한 순간도 살 수 없는 사람이 아니라면, 푼돈 때문에 스트레스를 받고 기분을 망치는 일은 자제하자. 행복을 위해.

 음악처방

김동규 | 10월의 어느 멋진 날에

한국의 대표적인 성악가 바리톤 김동규. 한국인 최초로 라 스칼라 $^{Teatro\ alla\ Scala}$ 무대에서 주역가수로 활약했다. 그 밖에도 〈베르디 국제 성악 콩쿠르 1위〉의 화려한 이력도 있지만, 친근한 이미지와 위트가 넘치는 모습으로 대중들에게 사랑받는다. 사람 좋아 보이는 따뜻한 미소, 두말할 것 없는 낭만적인 목소리, 그리고 트레이드마크인 콧수염으로 더욱 유명하다. 2001년 발표한 〈10월의 어느 멋진 날에〉는 그의 낭만적인 이미지를 극대화시킨 곡이다. 대중음악과 성악의 벽을 허물어뜨리며 그를 대표하는 명곡이 되었다. 십여 년이 지나 새로운 버전으로 탄생한 〈10월의 어느 멋진 날에〉는 그의 넘치는 사랑과 여유로운 모습을 더욱 잘 보여준다. 짙은 커피 향처럼 듣는 이의 마음에 부드럽게 스며드는 그의 목소리는, 가장 아름다운 계절에 찾아온 향기로운 선물 같은 곡이다.

HEALING

DIET

다섯번째주 진료실 엿보기

엄마는 영원한 숙제

상담실에서 A를 기다리고 있는데 문을 빼꼼히 열더니 누군가와 함께 들어온다. 직감적으로 어머니와 함께 왔다는 걸 알 수 있었다. 순간 나는 기분이 좋아졌다. 정신과의사에게 어머니를 소개하고자 한다는 건 흔치 않은 일임과 동시에 여러모로 좋은 일이다.

가장 가깝고도, 가장 어려운

"선생님, 오늘은 엄마랑 같이 왔어요. 엄마도 궁금하다고 하시고……."

당당하던 A가 말끝을 흐리는 게, 왠지 쑥스러워하는 것 같았다. 그녀의 어머니는 50대 초반의 평범한 여성이었다. 사실, 내가 상상했던 것보다 평범해서 놀랐다. 무엇이든 완벽하고자 하는 성격에 화려한 외모를 가진 A를 키운 어머니라면 조금 더 '기가 센' 사람일 거라고 생각했기 때문이다. 상반된 이미지 때문인지, 얼굴은 닮은 듯 했지만 썩 조화가 잘 되었다고 할 수 없는 모녀였다.

"딸애가 병원 다닌다는 말을 안 해서 몰랐어요. 우연히 방에서 약봉투를 발견하고 제가 먼저 물어봤죠. 너무 놀랐어요. 정신과 상담이라니. 다이어트로 약간 스트레스 받는 건 알고 있었지만 상담을 받을 정도라고는……. 늘 먹을 것을 조심하긴 하지만 상담받을 정도로 우리 애한테 무슨 문제가 있는 건가요?"

어머니는 A에게 무슨 큰 병이라도 생긴 게 아닌지 매우 걱정스러운 표정으로 물었다. 정신과 상담실의 문턱을 낮추고 싶은 게 나의 가장 큰 바람이지만, 지금은 그런 설명보다는 딸의 상태를 정확히 알려주는 게 더 중요한 일이었다. 지난 상담 때 A를 통해 들은 내용과, 지금 눈앞의 두 사람 분위기를 놓고 추론해 봤을 때, A는 어머니와 큰일부터 사소한 일까지 서로 대화를 하지 않는 사이라는 게 느껴졌다. 실제로 두 모녀는 서로에게 비밀이 많았다. 아무리 자녀가 성인이 됐다지만, 친밀한 모녀사이라면 비밀이 거의 없다.

어머니는 역시 A가 무엇 때문에 힘들어서 찾아왔는지가 아니라, 어떤 약을 왜 먹어야 하는지, 기록에 남아서 A의 신상에 불리하게 작용할 일은 없는지부터 걱정했다. A가 물론 미성년자가 아니라 의무적인 것은 아니지만, 보호자로서 알아야할 권리는 있기 때문에 충분한 설명이 필요하다는 판단이 섰다.

"A 씨는 완벽주의자의 성향이 강해서 여러모로 힘든 상황이에요. 날씬한데도 불구하고 끊임없이 다이어트를 시도해 왔고, 흔히들 말하는 다이어트 중독과 강박에 시달리는 상태입니다. 폭식증세도 보이고 있는데……. 이런 말씀 드리긴 죄송스럽지만 어린 시절 어머니의 영향이 원인일 가능성이 큽니다."

A는 마치 담임에게 소환된 엄마 옆에 앉은 학생처럼 고개를 푹 숙이고 있었다. 나 역시 말하기가 조심스러웠고, 어머니가 필요 이상으로 걱정하지 않게 하려 애썼지만 어떻게 받아들인 건지 표정을 읽기 힘들었다. 다행히 어머니도 A와의 관계가 친밀하지 못하다는 것을 인정하는지, 비교적 담담하게 받아들였다. 나이든 분을 이래라저래라 가르칠 수는 없는 노릇이기에, 그저 A의 편에 서서 그녀를 돕기 위해 노력하고 있다는 내 진심이 어머니에게 전해졌기만을 바랐다.

사실 폭식증을 직접 겪지 못한 사람은 도저히 그녀를 이해하지 못할 것이다. 아무리 어머니라도 마찬가지이다.

'그냥 안 먹으면 되지 왜 조절을 못해? 그게 무슨 병이야, 의지박약이지.'

가족에게 이런 말을 들으며 상처받는 환자를 한두 명 본 게 아니다. 폭식증은 치료를 받는다고 곧바로 효과가 나타나는 것도 아니기 때문에 가족이 이런 반응을 보이면 환자 자신도 희망의 끈을 놓아버리는 경우가 많다. 심지어 치료를 시작한 것 자체에 회의감을 느끼는 경우도 있다. 누가 식욕을 조절하지 못하고 먹는 것 앞에서 동물처럼 변하는 자신을 보여주고 싶겠는가. 엄마에게도 마찬가지다. 하지만 그럴수록 환자의 끈기와 가족의 인내가 절실하다. 음식이 환자 주변에 있지 않도록 돕는 것도 필요하고, 먹는 것을 자제하지 못하는 환자의 마음을 이해해 주는 것이 무엇보다 중요하다.

영원한 숙제

"어머니랑 많이 가까워 보이진 않네요."

A의 어머니가 진료실 밖으로 나간 후 말을 건넸다.

"맞아요……. 어떻게 아셨어요?"
"그냥 느낌이죠 뭐. 상담하러 오는 환자 중에 엄마와 친하지 않은 딸들이 의외로 많이 있어요."

"저는 요즘 엄마랑 대화도 거의 안 해요. 엄마한테 내 생활이 어떤지 시시콜콜 말하고 싶은 마음도 없고. 학창시절에는 거의 매일 싸워서 지금까지 친해지지 못했어요."

폭식증을 겪는 환자들의 마음 깊은 곳에는 거짓말처럼 엄마와의 갈등이 자리하고 있다. 모녀 갈등의 당사자가 모두 다 폭식증을 겪는 것은 아니지만, 그 갈등으로 인해 받은 상처는 '음식'에 대한 안 좋은 기억으로 남게 된다는 이론이 있다. 물론 폭식증과 반대개념인 거식증도 연관이 있다. 엄마와 음식을 동일시해서 음식으로 위안을 받기도 하고, 엄마를 밀쳐낼 마음이 생기면 음식을 토하게 된다는 것이다. 모녀 갈등으로 인한 폭식증은, 엄마에게 직접적으로 의견을 말하기 어려워서 '먹는 것'으로 의견을 표출하고, 그것을 이용해 엄마를 컨트롤하려는 마음에서 시작된다고 한다. 이들에게 엄마는 '좋은 엄마'와 '미운 엄마'의 양극단이 공존하며 갈등을 일으킨다. 마음 깊숙한 곳에서 좋은 모습의 엄마나, 나쁜 모습의 엄마나 결국 한 사람이라는 것을 인식하지 못하는 것이다. 건강한 엄마의 모습을 가지고 있는 사람과는 전혀 다른 시련을 맛보게 된다.

"저한테 엄마라는 존재는 숙제 같은 거예요. 맞닥뜨리면 피하고 싶고, 외면해도 계속 신경 쓰이는. 평생 이렇겠죠?"

A는 어릴 때부터 엄마의 희생을 보고 자랐다. 엄마는 대학도 나오고, 괜찮은 집의 딸이었지만 결혼을 하면서 모든 것을 포기했다. 정말 흔한 드라마의 소재처럼 꿈을 버리고 결혼을 택한 엄마는 딸에게 집착했다. 큰딸인 그녀에게 늘 기대했고, 옆에서 시험공부를 감시할 정도로 학업에 열을 올렸다. 어린 A의 눈에도 엄마는 전혀 행복해 보이지 않았다. 그녀의 성적이 오를 때 빼고는. 그게 유일한 엄마의 희망이자 기쁨이었다. A는 그게 부담스러워서 조금씩 비뚤어졌지만, 초라한 엄마의 모습을 볼 때마다 잘은 모르겠지만 제자리로 돌아올 수밖에 없었다고 한다. 그녀는 어린 나이에 오기가 생겼던 것 같다고 회상했다.

기억도 잘 나지 않는 어린 시절에도 A는 엄마의 눈치를 보며 살았던 것 같다. 어느 날은 침대에 누워 있다가 엄마의 발소리를 듣고 벌떡 일어나 책상 앞에 앉았었다고 한다. 그러면 엄마는 '공부는 잘 되냐'며 빵, 과일 등 간식을 놓고 나가시곤 했단다. A는 먹고 싶지 않을 때도 그 간식접시를 싹 비웠다.

"그래서 성적이 좋았군요. 지금은 누구나 부러워하는 학벌에, 좋은 직장 다니잖아요."

"엄마가 다른 아줌마들한테 자랑하는 모습을 보고 싶었어요. 그때 유일하게 엄마가 행복해 보였거든요. 불쌍하단 생각 많이 했어요. 엄마를 실망시키고 싶지도 않았고."

A는 엄마에게 항상 좋은 모습만 보여야겠다는 강박관념에 사

로잡혔던 것 같다. 좋은 대학, 좋은 직장에 가는 게 A에게도 좋은 일이었지만, A가 좋아하는 것은 아니었다. 엄마에게 필요한 것이었지. 무슨 결정을 혼자 내리지도 못했고, 대학 입시 준비를 할 때는 엄마도 A도 극도로 예민해져 있었다. 공부를 하며 밤을 샐 때 항상 뭔가를 씹고 있어야 했다. 그래야 잠이 덜 왔기 때문에. 하루에도 땅콩, 과자, 과일 등을 끊임없이 먹었고, 문득 너무 많이 먹은 것 같아 겁이 날 때도 있었다. 그럴 때면 손가락을 입에 넣고 억지로 토해냈다.

그렇게 힘들게 준비한 입시였지만, 대학과 전공을 정하는 주체는 엄마였다. 혼자 무엇을 하는 게 가장 어려웠다는 그녀. 과연 자기 의지대로, 하고 싶은 전공 찾아서 대학가는 학생들이 몇이나 되겠냐며 스스로를 위로했단다. 그래도 엄마가 원해서 갔다는 말은 듣기 싫어서 차라리 성적에 맞춰 어쩔 수 없이 간 거라고 스스로를 속이기도 했다.

"그럼 A 씨가 정말 하고 싶었던 건 뭐에요? 꿈이라면 너무 추상적이니까, 가고 싶었던 과를 말해보세요."

"저요? 막상 말하려니 되게 어색하네요. 어릴 때부터 그림 그리는 게 좋았어요. 미술이 하고 싶었나 봐요. 원하는 대로 했다면 미대에 갔겠죠? 하지만 엄마 앞에서는 말도 못 꺼내봤어요. 동생이 예체능 쪽으로 가고 싶다고 말했다가 호되게 혼나는 걸 봤거든요. 걔도 안 되는데 전 오죽했겠어요. 어쩌다보니 성적이 잘 나와서 대학입학도 수석으로 하고……. 엄마 말 듣길 잘 했다고 생각했어요. 그땐 나 자신도 행복한 줄 알았어요."

"그럼 지금은 아니란 말이네요? 후회할 정도인가요?"

"후회요? 잘 모르겠어요. 선생님 말대로 남들이 부러워하는 사람이 됐으니 오히려 잘 된 게 아닌가. 엄마에게 고마워해야 하는 거 아닌가. 이런 생각이 들어요. 미대에 갔다면 자유롭고 재미는 있었겠지만 졸업 후에는 지금에 비해 힘들었겠죠. 막막했을 거고. 지금 생각하면 그냥 내가 책임지기 싫어서 엄마한테 떠넘겼던 것 같아요."

A는 역시 '착한 여자'였다. 그것은 이미 청소년기 때부터 시작되었고, 엄마와 자신의 경계가 모호하게 느껴졌던 만큼 주체 의식도 뚜렷하지 않았던 것 같다. 대학 입학 후의 생활은 안 봐도 뻔했다. 교복을 입지 않으니 외모를 꾸미는 것도 엄마의 코치를 받았겠지. 착한 여자의 전형적인 패턴은 남에게 잘해주어야 마음이 편하고, 거절할 줄도 모른다. 심지어 자신도 모르는 사이, 남의 일까지 도맡아 하는 경우도 있다. 한없이 피곤한 생활. 좋고, 싫은 것에 대해 자신에게조차 솔직하지 못했던 A. 엄마에게도 남에게도 자신의 모습을 다 드러낼 수 없는 A는 외로웠을 것이다. 허기가 졌겠지. 한없이 배가 고팠을 것이다.

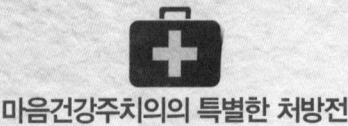

마음건강주치의의 특별한 처방전

♥ 마음건강주치의의 노트

엄마와 사이가 좋지 않은 딸들을 주위에서 흔히 볼 수 있다. 그들은 대부분 어릴 때부터 엄마와 친하지 않았다고들 한다. A도 역시 그런 상황이었다. 친하지 않은 모녀관계는 짧은 시간 내에 해결하기 힘들지만, 적어도 그에 따르는 죄책감 때문에 시달리지 않도록 하는 것에 상담 포커스를 맞춰야겠다.

📞 상담내용

엄마와의 관계가 좋지 못한 그녀, 어릴 때부터 인정욕구에 굶주렸다. A가 완벽주의자 성향을 갖게 된 원인을 모녀 관계에서 찾을 수 있었다.

✉ 공연처방

맘마미아

그리스의 한 외딴섬에서 작은 모텔을 운영하는 도나. 젊은 날에는 아마추어 그룹에서 잘 나가는 리드싱어였으나, 지금은 평범한 엄마로 딸 소피와 단둘이 살아가고 있다. 소피는 갓 스무 살이 되었는데, 벌써부터 남자친구와 결혼을 하려 한다. 도나는 딸의 사랑은 존중하기에 결혼을 허락하고 예식 준비에 정신이 없다. 소피의 결혼식을 축하하기 위해 몇 년 만에 뭉친 도나의 친구들. 함께 노래를 부르고, 축제 분위기를 만끽하며 젊은 시절 찬란했던 날들을 그리워한다.

하나밖에 없는 딸 소피를 시집보내기 전, 서운한 마음을 달래며 친구들과 시간을 보내고 있는 도나의 앞에는 생각지 못한 남자 세 명이 나타난다. 소피가 엄마의 이름으로 초대한 사람들이었다. 결혼식 전에 아버지를 찾고 싶어 한 소피가 도나의 일기장을 몰래 훔쳐보게 되고, 그 안에서 자신의 아버지일 것 같은 남자 세 명을 찾게 된 것이다. 옛 남자친구 세 명을 한 자리에서 보게 된 도나는 당황하고, 그 모습이 소피는 재미있기만 하다.

엄마의 젊은 시절 친구들을 모두 만나게 된 소피. 그들이 자신의 엄마와 어울렸던 시절을 상상하고, 엄마가 세 남자에게 사랑받는 모습을 떠올리며 생각이 많아진 소피. 결혼식 전, 도나와 눈물의 대화를 나눈 뒤 결혼식장으로 향하지만, 결국 결혼을 미루고 남자친구와 꿈을 찾아 더 큰 세상으로 나가겠다고 선언한다.

이 작품은 단순히 모녀관계의 갈등요소나 크고 작은 사건들을 나열한 것이 아니다. 나이 든 도나가 젊은 시절을 그리워하고, 그 시절에 꾸었던 꿈을 돌이켜보는 부분에서는 추억을 돌이켜볼 수 있는 기회를 준다. 너무도 어리고 깨끗한 딸 소피가 무작정 사랑을 좇아 결혼하겠다고 했을 때, 안타깝지만 딸의 아름다운 결혼식을 준비하는 엄마 도나의 마음을 그리면서 모녀 사이의 끈끈한 사랑을 그린다.

나는 이 작품을 여러 차례 감상했다. 볼 때마다 학창시절 엄마와 갈등이 생겨 못되게 굴었던 기억을 떠올리며 많은 눈물을 흘렸다. 어린 소피의 미래와 꿈을 위해 반대하고 싶지만, 그녀의 사랑과 선택을 존중하기 위해 마음을 다해서 응원해주는 도나. 엄마와 딸이 함께 관람하러 온 모습을 많이 볼 수 있었다.

하비효과 · 나를 위해 살아도 괜찮아

혼자 하는 여행의 묘미는, 떠나 본 사람만이 안다. 내가 환자들에게 여행을 추천하는 이유 중 하나는 '여유'를 주기 때문이다. 그 여유는 평소에도 알지만 미처 행하지 못한 일들을 하게 한다. 이를 테면 지금 자신의 위치를 파악하게 된다든지, 자신에게 질문을 던져 볼 수 있게 해준다는 것.
'왜 그동안 이렇게 피곤하게 살았지?'
'지금 난 괜찮은 삶을 살고 있는 걸까?'

여행길에 오르면 빠르게 움직이는 '일상'이라는 기차에서 잠시 내려올 수 있게 된다. '일상'이라는 기차 위에서는 이유도 모른 채 분주하게 움직이고, 남들과 비교당하며 살았다. 진짜 내 모습은 온데간데없고, 사람들과의 관계로 인해 구겨진 내 모습만 남아있다. 자연스럽게 자존감도 낮아졌고, 그 때문에 매 시간을 불평만 하며 지내지 않았는가. 하지만 홀로 땅에 내려와 서 있는 시간만큼은 나만을 위해 쓸 수 있다.

"혼자서도 여행할 수 있다는 거 처음 알았어요. 신경주행 KTX가 개통되었다는 뉴스를 보고 무작정 표를 끊었거든요."

아직도 여행의 감동이 가시지 않은 듯 이야기를 꺼내는 B. 살이 빠져서일까, 처음 나를 찾아왔던 펑퍼짐한 아줌마의 모습은 보이지 않는다. 눈은 생기로 반짝거리고, 표정이 밝다. 무언가 신나는 일이 많은 어린아이 같은 표정이다. 하고 싶은 말이 많은지 말도 빨라지고.

"그동안 한 번도 생각해 본 적이 없었거든요. 그냥 어렸을 때는 공부 열심히 하고, 좋은 대학가고, 괜찮은 남자 만나서 결혼하면 성공한 인생이라고 생각했어요. 그래서 지금까지 좋은 아내, 좋은 엄마로 지내려고 노력했어요. 주변에서도 다들 누구 엄마, 하고 불렀으니까요. 병원에서 내 이름을 부르면 어색할 정도였는데……. 여행가는 기차 안에서 이런 생각이 들었어요. 진짜 나는 누구인가."

제3의 인생(Third Age)

나는 누구인가, 라는 이 질문. 한때 내게도 불현듯 다가왔던 질문이다. 나를 포장하는 모든 것을 철저하게 벗어버리고 내 본질을 찾아야 한다는 것을 깨달았기 때문이었을까. 2001년도 비만·스트레스 클리닉을 개업하고 누구보다도 먼저 '성공'에 도달했다고 생각했었다. 하지만 점점 일에 치이고 스트레스를 받으며 전혀 행복하지 않다는 것을 알게 되었다. 생활에 대한 만족은 없어지고 내가 가진 것들에 대한 감사도 사라졌다. 가진 것들은 당연한 것이 되었고, 없는 것들에 대한 욕구만 점점 커지던 시절. 바다를 건너 무작정 미국으로 떠났다. 모험이었다. 보통 의사들은 외국에 나갈 때, 의과대학 연수차 교환교수로 가는 경우가 많은데, 나는 학생비자로 미국에 갔다.

미국에 도착하니, 그동안의 나를 감싸고 있던 모든 것들이 허물어진 것 같았다. 자유롭기도 했지만, 무력에 가까운 느낌이었다. 교환교수들이 받는 비자와는 다르게 학생 비자는 신용카드 하나 제대로 만들기 어려웠다. 하얀 가운을 벗고 난 다음에야 나 자신에게 관심이 생겼다. 그때부터 '나는 누구인가'라는 질문의 답을 찾아나가야 했다. 철저하게 홀로.

가끔 병원건물이나, 의사유니폼을 보게 되면 '나도 한 때는 의사였지……'라는 생각이 들뿐, 다시 돌아가고 싶지는 않았다. 그땐 '나'는 누구인지, 무엇을 좋아하고 싫어하는지, 내 안을 들여다봐야겠다는 생각뿐이었다. 삼십대 중반, 나는 인생의 사춘기를 다시 맞이하는 기분이었다. 제3의 인생$^{Third\ Age}$을 맞이할 준비가 필요했던 것 같다. 나만의 색을 찾기 위한 준비가 너무 늦은 것은 아닐까 초조하기도 했다.

"여고시절 수학여행 이후로 경주에 처음 가봤어요. 경주뿐만이 아니라 여행 자체를 많이 못 다녔던 것 같아요. 그동안 뭐가 그렇게 바빴는지……. 내 생활이 전혀 없었어요. 너무 다른 사람들한테만 맞춰 살고. 애들 다 키우고 나면 내 마음대로 살아 봐야겠다는 생각 안 해 본 건 아니지만, 사실 내 마음이 뭘 원하는지도 잘 몰랐어요. 갱년기가 오나 싶다가도 인정하기 싫어서 외면하고, 옷이 점점 작아지는 걸 알면서도 외면했어요. 그냥 다 괜찮겠지, 하고 지냈던 거예요."

B와 같이 대학을 졸업한 동기들은 대부분 결혼 후에도 직장 생활을 했고, 지금까지 경력을 쌓아서 꽤 높은 자리에 앉아 있는 사람도 있다. 다들 관리를 잘하고 있는지 몸도 많이 불지 않고, 피부도 깨끗하다. 친구들과 만나봤자 즐겁기는커녕 비교만 하게 되는 자신이 싫어서 동창회도 피했다. 어느덧 친구들과 연락은 뜸해졌고, 하나둘 멀어져 갔다.

아이들의 미래, 남편의 성공만을 바라보며 정작 자신의 현재를 즐기지 못한 B. 행복이란 건 멀리 있는 게 아니다. 자신이 살아있는 동안 '살아있음'을 즐길 줄 아는 것, 그것이 행복의 시작이다. 너무 많이 가지려고 하지 말고, 너무 많이 이루려고 애쓰지 않아도 행복을 가질 수 있다. 살아있는 것에 대해 매순간 감사할 수 있는 여유, 스스로에게 조금 더 후한 점수를 줄 수 있는 너그러움 등, 행복은 연습하면 얼마든지 가능한 '습관' 같은 것이다.

자신을 잃고 사는 사람에게 흔히들 '네가 원하는 삶을 살고, 남과 비교하며 주눅 들지 말라'고 조언한다. 하지만 정작 상대는 '내 마음'이 뭔지도 잘 모른다. 주도적으로 남과 자신의 차이를 비교하는 것이 아니라 그저 사회가 정해준 기준에 따라 자신을 낮춘다. 이런 상황이면 아무리 저 말을 반복한다 한들 달라지는 게 있을까? 인생을 살면서 자신의 가치가 얼마나 소중한지, 주도적으로 자신의 삶을 살아가는 게 얼마나 중요한지에 대해서 모른다면, 사람들 속에서 살아남기에만 급급할 것이다.

"여행 다녀오시길 잘했네요. 꼭 한 번은 일상으로부터 분리되어 보셨으면 했어요. 용기 잘 내셨어요."

"처음에는 혼자 기차를 타려니 긴장되더라고요. 가족여행은 몇 번 갔어도 혼자 여행이라니. 사람들이 괜히 이상하게 쳐다볼 것 같기도 하고. 지금 생각해도 어디서 그런 용기가 나왔는지 모르겠어요."

나를 충전하기

내 삶과 시간이 내 것이 아닌 듯 느껴질 때, 한번쯤은 의도적으로 빈틈을 만들어 볼 필요가 있다. '고독훈련', '침묵훈련'. 늘 소음과 무의미한 소리에 노출되어 있는 우리에겐 말 안하고 버티는 연습도 필요하다. 미국에 가 있는 동안 약 열흘정도 영어뿐만 아니라, 한국말도 한 마디 하지 않은 적이 있었다. 생각만 해도 너무 답답하고 힘들 것 같지만, 놀랍게도 정신이 맑아지고 생각이 정리되는 듯한 기분이었다. 사물에 대한 주의력이 깊어지고 내면의 소리에 귀 기울이는 시간이 생겼다. 이래서 수도자나 스님들이 속세를 등지는구나 싶었다.

내가 속해 있던 세상에서 잠시 분리되어 혼자만의 시간을 경험해 본 사람은 다시 차오르는 에너지를 느낄 수 있었을 것이다. 계속 누군가의 손에 붙들려 있던 있던 휴대전화가 방전됐을 때, 충전기에 꽂아두면 알아서 재충전되는 것처럼 말이다.

"지금까지 가족이 옆에 없으면 많이 허전하고, 불안하기까지 했어요. 사람들하고 어울리는 것도 별로 좋아하지 않아서……. 장보러 나갈 때나 아이들 일로 외출하는 것 외에는 항상 집에만 있었던 것 같아요. 이 나이에 새로운 일을 시도하는 것 자체는 엄두도 못 냈죠. 그러다 보니 점점 집안일 하는 아줌마가 돼가고. 대학 졸업장도 쓸모없게 돼버린 이 상황이 믿어지지 않을 때가 있어요."

오랫동안 내 성향이 E인줄 알았다. E라는 것은 extroverted의 약자로, 외향적인 성향이라는 뜻이다. E와 I의 차이는 어디에서 에너지를 얻느냐이다. 한 부부동반 모임에 참석한 남편과 아내를 예로 들어보자. 남편은 사람들과의 대화를 주도하며 점점 기분이 좋아져만 가는데, 부인은 그 상황이 힘들고 계속 기운만 빠진다. 머릿속엔 빨리 집에 가고 싶은 생각밖엔 없다. 이때 남편의 성향은 E, 즉 외부로부터 에너지를 얻고, 아내는 조용한 곳에서 혼자 쉬어야 에너지를 얻는 I^{introverted} 성향이라고 할 수 있다. 물론 남편과 아내가 반대인 경우도 많다.

나는 직업상 어쩔 수 없이 많은 사람을 만나야 해서인지, 쉴 때 혼자 있는 시간을 즐기는 편이다. 그래서 MBTI 성격유형 검사를 했을 때 INFP가 나온 것이다. 즉, 나는 혼자 있을 때 에너지를 충전하는 타입. 너무 많은 사람들과 지나치게 오래 있으면 약간의 불안, 집중력 저하, 심하면 호흡곤란, 의식불명 상태까지 이르게 되어 일찌감치 '도망' 나오는 버릇이 생겼다.

"성격유형 검사에서 I로 나왔어요. 내향적, 즉 자신에게 집중할 때 에너지 충전이 잘 된다는 거죠. 앞으로는 가끔씩 혼자 여행도 가보고, 공연도 보러 다니세요. 아직 늦지 않았잖아요."

"I가 내향성이면……. 좋은 거예요, 나쁜 거예요?"

E가 좋은지, I가 좋은지 묻는 것은 마치 '엄마가 좋아, 아빠가

좋아?'와 같은 것이다. 어느 쪽이 더 좋은지 비교할 필요는 없다. 그저 자신이 어떤 유형에 속하는 인물인지 파악하고, 문제가 닥쳤을 때 어떤 방법으로 극복하는 게 좋은지 머릿속으로 알아두면 된다.

성격유형 검사 결과에 대한 설명이 끝나고, 상담을 마치려는데 B의 표정이 평소와는 다르게 매우 밝았다.

"선생님, 살이 많이 빠지긴 했나 봐요. 이제 한 달 정도 된 것 같은데 주변 사람들이 알아보기 시작하더라고요. 딸도 '엄마 얼굴이 왜 이렇게 작아졌어?'라고 묻기도 하고……"

B와는 이제 완전히 같은 편이 되었다. 나에게는 환자와의 라포^{rapport}(상담자와 피상담자의 사이에 형성되는 상호신뢰관계)가 매우 중요하다. 원활한 비만치료에도 도움이 되고, 서로의 이야기를 털어놓다 보면 자연스레 정신과 진료에 필요한 대화도 나눌 수 있기 때문이다.

내가 치료를 진행해 나가는 동안 환자가 살이 빠진 것에 만족을 느끼면 나는 그의 신뢰를 얻게 되고, 그럴수록 둘 사이에는 더 많은 이야기가 오간다. '라포'라는 용어로 정해져 있지만, 그것은 의사인 내게는 재산이고, 환자와의 우정인 것이다.

마음건강주치의의 특별한 처방전

 마음건강주치의 노트

나는 미국에서 돌아온 뒤, 다시 의사의 자리를 찾았다. 새롭게 개업을 하면서 앞으로 어떤 힘든 일이 있어도 의료인으로서 도덕과 양심을 지키며 살겠다고 다짐했다. 먼 훗날, 혹시라도 내가 있어야 할 자리를 벗어나게 되면 지금 이 순간을 꼭 기억해내야겠다. 떠나기 전에는 몰랐던 사실을 깨달았다. 나에게 보람을 주고, 함께 울고 웃을 수 있는 사람들이 있다는 게 얼마나 행복한 일인지. 일상이 힘들고 불평과 불만으로 가득하다면 스스로에게 질문해보자. 나는 내 삶의 주인공인가? 내 삶을 주도적으로 살아가고 있는가?

📞 상담내용

난생 처음 혼자만의 여행을 성공한 B. 그에 대해 아낌없는 격려와 조언을 했다. 혼자 떠나는 여행에서 장소는 그리 중요하지 않다. 굳이 먼 곳으로 떠나지 않아도 된다. 근처 미술관, 혹은 가보지 않은 동네라도 좋다. 여행길에서 얻게 되는 질문, '나는 누구인가'. 이 질문은 사람이 태어나고 죽을 때까지 항상 머릿속에 맴도는 문장인 것 같다. 답을 찾기란 어렵겠지만, 그래도 끊임없이 생각하고 답을 찾아보자. 소중한 나를 잃지 않기 위해서. 지금까지 체중은 5kg 감량에 성공했다. 전반적인 생활습관과 식습관을 조절한 덕분에 살 빼는 게 그리 어려운 일이 아니라는 생각을 가지게 된 점이 가장 큰 수확이다.

 달콤한 인생을 위한 Tip

일상의 허기를 채우는 하비효과

보통 사람들은 평범한 일상생활에서도 스트레스를 많이 받는다. 어떤 직업을 가지고 있든, 혹은 직업이 없는 사람도 마찬가지다. 스트레스가 쌓이면 마음이 궁핍해지고, 심리적 허기가 찾아오게 마련이다. 심하면 지금 하고 있는 일에 대한 회의도 찾아올 수 있다. 그래서 나는 환자들에게 허기도 채울 수 있고, 막연한 꿈까지 이룰 수 있는 취미생활을 추천한다. 집에서 TV만 볼 게 아니라, 자신에게 도움이 되면서 재미를 느낄 수 있는 일을 찾아보는 것이다. 혼자 떠나는 여행도 좋고, 마음이 맞는 친구와 함께 볼 수 있는 공연도 좋다. 독서를 하거나 새로운 것을 배워보면 어떨까?

 MBTI 성격검사

MBTI라는 성격검사는 심리치료에 참 유용한 검사이다. 검사결과는 16가지 성격 유형을 나타내는데, 피검사자가 어떤 기질과 성향을 가지는지 알 수 있다. 대인관계에서의 갈등, 부부 문제, 진로 선택 등에 도움이 될 수 있는 정보이다.

이 검사는 인간 행동의 다양성은 사람마다 인식^{Perception}하고 판단^{Judgement}하는 특징이 다르기 때문이라는 융의 이론을 바탕으로 한다. 이 이론은 사람이 인식하는 방법과 결론을 내리는 방법이 다르다면, 반응, 흥미, 가치, 동기, 기술, 관심 등도 다를 것이라는 내용을 포함하고 있다.

외향(E)Extroversion
<---------- 에너지영향 ---------->
내향(I)Introversion

감각(S)Sensing
<---------- 인식기능 (정보수집) ---------->
직관(N)iNtuition

사고(T)Thinking
<---------- 판단기능 (판단,결정) ---------->
감정(F)Feeling

판단(J)Judging
<---------- 이해양식 / 생활양식 ---------->
인식(P)Perceiving

MBTI 네 가지 선호경향

자신의 성격이 어떤 유형인지 알고 싶다면, 온라인 사이트 http://www.career4u.net에 방문해 보세요. 16가지 성격유형의 장단점이 적혀 있어서 대인관계, 직장생활, 진로선택 등에 영향을 미치는 내 성향을 파악할 수 있어요.

H E A L I N G

D I E T

여섯번째주
진료실
엿보기

고양이과, 개과?

 술자리에 있으면 정말 이런 저런 이야기가 많이 나온다.
"여자는 흔히 두 부류로 나뉜다는데 그거 알아?"
 어느 날, 친구들과의 모임에서 한 친구가 갑자기 이렇게 물었다.
"두 부류?"
"하루 종일 주인을 기다리는 강아지 같은 여자와 주인이 와도 못 본 척하는 고양이 같은 여자."
 놀랍게도 그 자리에 있던 남자들이 원한 건 고양이 같은 여자였다. 고양이과 여자는 자신만이 이 세상에 존재하는 듯, 다른 사람과 소통하지 않는 도도한 여자다. 사는 데 자기 속은 굉장히 편한 스타일이다.

미국으로 도피유학을 갔을 때 친해진 남학생이 하얀 페르시안 고양이 두 마리를 키웠었다. 친구들과 그의 아파트에 놀러갈 때마다 고양이를 관찰하곤 했는데, 참 희한한 동물이구나 싶었다. 애완동물인데 주인이든 손님이든 집에 들어오면 혼자 있고 싶다는 듯 방으로 쏙 들어간다. 다가가서 안으려고 하면 도망치고 모습을 감춘다.

반대로 개는 굉장히 친근한 동물이다. 주인이 오기만을 기다렸다가, 만나면 반갑다고 꼬리를 흔들어댄다. 사람들의 눈치를 살피고 거기에 반응해서 행동하기 때문에 부르기도 전에 먼저 달려와 안기는 동물이다. 만약 인간과 동물 사이에서도 밀당을 즐겨야 한다면, 개는 루저인 셈이다.

고양이도 개도 안 된다, Just Be The Queen!

"선생님, 이번 주는 남자친구 때문에 다이어트 망쳤어요. 스트레스 받아서 앉은 자리에서 과자를 세 봉지나 먹었거든요."

"어떻게 스트레스를 줬기에 잘 참던 과자를 먹었나요?"

"전화 연락이 안 되더라고요. 먼저 전화하는 것까진 아니더라도 연락이 안 되는 건 용서할 수 없어요."

확실히 A는 고양이과 여자가 아니다. 안쓰럽게 쳐다보는 내 눈빛을 읽었는지, 전에 없던 투정을 부린다.

"전 아무래도 연애할 땐 항상 지고 들어가는 쪽인 것 같아요. 도도한 맛이 있어야 남자들이 안달한다는데……. 이래서 맨날 친구들한테 루저라는 말을 듣나 봐요."

"그래요? 지금까지 연애에서 주로 상처받는 쪽이었나요?"

"네……. 처음엔 남자가 먼저 관심을 가지고 다가오는데, 시간이 지나고 사귀게 되면 제가 집착하게 되고. 항상 같은 패턴이에요."

A는 보통 사귀는 남자들과 일 년을 넘기기 힘들다고 말했다. 지금 만나는 남자친구도 일 년 정도 되었는데, 불안불안한 상태라고 한다. 항상 그랬던 것처럼 남자친구와 헤어질 것 같은 느낌이 들면 폭식증이 심해진다고 했다. 요즘이 그런 시기라는 게 큰 문제였다. 그동안 잘 실천해오던 다이어트가 남자문제로 한순간에 무너지려 한다. A는 왜 남자친구와 멀어지면 자꾸 먹게 될까?

한국 영화 속 수많은 여주인공들은 남자에게 차이고 나면 야밤에 혼자 꼭 비빔밥을 먹는다. 그것도 자기 얼굴보다 훨씬 큰 밥양푼을 꼭 끌어안고. 누군가와 헤어진 이후 폭식증을 겪는 원인에 대한 여러 가지 가설이 있다. 그 중 가장 많은 지지를 받는 것은 '애정결핍' 때문이라는 가설이다. 특히 A처럼 인정욕구가 많은 사람은 애정결핍에 빠지기 쉽다.

연인, 혹은 가까웠던 사람을 잃게 되면 애정결핍이 생기기 쉽고, 그로 인해 다른 사람들에게 집착하는 일종의 '관계중독'을 겪게 될 수도 있다. 또, 헤어진 상태를 무의식중에 버림받았다고 느낄 수 있기 때문에 생존에 대해 위기를 느낀다는 가설도 있다. 이 위기는 '심리적 허기'를 겪게 하고, 자기도 모르는 사이에 본능적으로 몸에 칼로리를 비축하게 된다. 배가 고프지도 않은데 미래를 위해 계속 먹어대는 것이다. 이쯤 되면 이미 뇌의 시상하부에 있는 '포만중추'는 기능을 잃어버린 상태이다.

> "이제 와서 생각해 보면, 평소에는 늘 46~7kg를 유지하는데, 남자친구와 사이가 안 좋거나 헤어질 때쯤 되면 3~4kg이 늘었어요. 40kg 후반이랑 50kg 초반이랑 차이가 엄청 큰 거 선생님도 잘 아시죠?"

그녀는 체중유지를 위해서라도 남자친구가 필요한 상태까지 왔다. 여자가 사랑에 빠지면 음식도 가려먹게 되고, 외모를 가꾸기 위해서 운동을 시작한다거나 꾸미기 시작한다. 사랑하는 사람에게 잘 보이기 위한 일이기 때문에 그런 노력이나 다이어트가 스트레스로 다가오지 않고 즐거운 일이 된다. 그래서 여자들이 사랑에 빠지면 왠지 모르게 예뻐지는 법.

만약 그런 여자가 더 이상 잘 보여야 할 대상이 사라진다면? 마치 마법이 풀린 신데렐라처럼 원래의 상태로 돌아간다. 엄청나게 빠른 속도로. '사랑'도 과학으로 설명하자니 가슴 한편이 씁쓸해지지만, 이 마법의 비밀은 '도파민'이라는 뇌 신경전달물질로 설명할 수 있다. 이론적으로도 사랑에 빠지면 예뻐지는 것을 설명할 수 있다는 것이다. 사랑에 빠진 당시에는 쾌락중추가 자극을 받고, 도파민의 농도가 올라가기 때문에 심리적 허기를 채워준다. 신진대사가 활발해지고 활동성 자체를 높이기 때문에 일상생활에도 활력이 찾아온다. 사랑이 끝나면, 과학도 반대로 작용한다.

비만클리닉 개원 초창기에 인터뷰를 할 때 제일 많이 받았던 질문이 생각난다.

'비만 전문의로서 추천하는 가장 좋은 다이어트 방법이 무엇이냐'는 질문. 나는 그 질문을 받을 때마다 늘 의미심장한 미소를 지을 수밖에 없었고, 대답은 항상 '사랑에 빠지는 것'이었다. A는 반대되는 모습으로 나의 대답을 완벽히 증명해주는 표본이었다. 씁쓸하다.

"남자친구가 없으면 불안해요. 그래서 남자친구가 없었던 적이 거의 없는 것 같아요. 가끔 솔로 상태가 되면 뭔가 내가 부족한 사람처럼 느껴진 적도 있어요. 솔직히 양다리도 걸쳐 봤어요. 지금 생각하면 한 명은 보험들 듯 만난 것 같아요."

다이어트의 묘약, 사랑?

사랑의 마법이 풀리고 나면 행복은 사라지고, 결핍된 것을 대신

해 자신을 만족시켜줄 만한 대상이 필요해진다. A에게는 그 대상이 '새로운 남자'와 '음식'인 것이다. 음식보다는 남자가 더 좋았던 것일까. A는 자신을 바라봐주고, '예쁘다'고 말해줄 사람을 찾는 데 그리 오랜 시간을 허비하지 않았다. 전 남자친구와 헤어진 지 며칠이면 또 다른 사랑이 찾아왔다고 한다. 그런 일이 반복되다보니 자신의 취향이 도대체 어떤지도 모르겠고 정말 상대를 사랑해서 만나는 건지도 의심스러운 순간이 온 것이다. 죄책감이라도 안 들면 좋겠는데, A는 이런 부분에서도 '착한 여자'인가 보다. '나는 정말 남자 없이는 못 사는 걸까? 이 남자에게 못할 짓하는 건 아닐까?'라는 생각으로 괴로워한다.

"전 왜 이럴까요? 이런 내 모습이 너무 싫어요."

환자들로부터 가끔 이런 이야기를 듣는다. 정신과 의사들은 꼬박꼬박 대답을 안 해주고 가만히 듣기만 하냐고. 그 정신과 의사 중 한 사람은 바로 건너편에 앉은 나일 것이다. 나도 점쟁이가 부러울 때가 있다. 진짜 용한 점쟁이처럼 속 시원한 답을 바로바로 해주고 싶기도 하고, 차라리 돌팔이 같아도 아무 말이나 내뱉고 봤으면 좋겠다는 생각도 든다. 하지만 받아들일 준비가 되어 있지 않은 환자에게 내 나름대로 분석한 내용들을 마구 퍼붓다가는 상처밖에 남는 게 없을 것이다. 상담가라는 이유로 어느 정도는 강자의 입장이 되고, 자신의 이야기를 모두 꺼내놓아야 하는 환자는 약자의 입장이 될 수밖에 없다. 그런 상황에서 내가 환자들에게 상처를 주는 일은 직업윤리에 어긋나는 일이다. 겨우 나를 믿고 남자관계에 대한 이야기를 꺼낸 A에게 거르지 않은 날것의 대답을 해주었다가는 결과는 뻔하다. 극단적으로 도도하고 완벽해 보이는 그녀가 눈물을 흘리며 상담실 밖으로 뛰쳐나갈지도 모른다. 잠시 내가 하고 싶은 말을 걸러낼 시간이 필요하다. A에게도 대답에 상처받지 않도록 준비를 할 시간이 필요하다. 그 시간 또한 내가 함께 할 것이다.

'당신에게 남자는 결국 생존에 필수적인 요인이다. 한마디로 남자 없인 못살아. 한 남자에게 올인해서 퐁 빠지면 앞뒤 안 보이지? 이런 남녀관계는 오래 못 가. 당신에게 '만남'이란 시작임과 동시에 '이별'의 예고편이라 할 수 있지. 남자들은 상대 여자를 '쫓는' 것은 좋아하지만, '쫓기는' 상황은 본능적으로 거부하거든.'
이 말을 A와 비슷한 여자들에게 상처주지 않고 할 날이 올까?

"지금 사귀는 남자친구와도 연락이 안 되면 많이 불안해요?"
"네. 특히 싸우고 나서 연락이 안 되면 진짜 죽을 것처럼 불안해요. 나만 혼자 남겨진 것 같아서 못 견디게 쓸쓸할 때도 있고, 심하면 내 발 밑에 있는 땅이 푹 꺼져버릴 것 같은 생각도 들어요."

오 마이 갓. 이건 또 무슨 소리인가. A라는 이 여자, 돌얼음 같은 겉모습에 비해 속은 너무 부드러운 '갓 구운 카스테라'다.

   정신과 전공의 시절, 응급실 당직을 서면 그날 저녁 한 번 정도는 꼭 새하얗게 질린 여자가 실려 왔다. '수면제 과다복용' 또는 손목을 그어서. 자살기도를 한 것이다. 남자친구와 헤어진 이후 견디다 못해 충동적으로 저지른 경우가 대부분이었다. 얼마나 견디기 힘들었으면 목숨을 포기하려 했을까. '나 외롭고 힘들다'라는 외침을 이런 식으로 표현하려면 얼마나 감정의 농도가 짙어야하는 것일까.

   그렇게 정신을 잃고 누워 있는 그녀에게 헤어진 남자친구가 찾아오는 경우도 가끔 있었다. 그럴 때 옆에서 지켜보던 나는 여자가 '죽일 놈, 나쁜 놈' 하면서 달려들면 어쩌나 걱정이 되었지만 반응은 전혀 달랐다. 마치 기다리던 사람이 온 것처럼 이제야 안심한 표정으로 편하게 휴식을 취했다.

     "A 씨는 앞으로 나이어트뿐만 아니라, 혼자 있는 법을 배워나가야겠어요. 그런 모습으로 출발해서 홀로 있는 연습을 해야 해요. 그래야 자기 자신을 온전히 사랑하고 아낄 수 있게 돼요.

     A 씨 자신도 장점이 많은 여자라는 것을 알고 있지요? 그건 절대 잊으면 안돼요. 자기비하도 정도껏이에요. 알죠? 남자가 옆에 없어도 자신이 얼마나 사랑스러운 사람인지 느껴야 해요. 자신을 사랑할 줄 아는 사람이 다른 사

람도 사랑할 수 있어요.

　과거에 만났던 남자들을 진짜 사랑한 게 아니었더라도 죄책감 가질 것 없어요. 그 당시만큼은 최선을 다해 마음을 주었고, 친밀한 관계를 가졌다면 그것으로도 만족하도록 해보세요. A 씨 자신도, 그 남자도 미워하면서 힘들어하지 말아요."

　사랑이 무슨 죄겠냐. 사랑은 사랑일 뿐. 사랑과 다른 것들을 억지로 연관시켜서 괴로워하지 말자. 한때 사랑했고 감정을 나눴다면 그걸로 만족하자. 사랑이 끝나고 도파민이 말라가는 것을 견딜 수 있어야 한다. 그 심리적 허기를 채울 수 있는 사람은 다른 남자가 아니라 자기 자신뿐이다.

　수많은 여자들이 머리로는 잘 알면서도 남자로 심리적인 허기를 채우려 한다. 타인을 향한 인정욕구가 허기진 심리역동의 주인공들이기 때문일까. 이들은 다른 이들이 자신을 어떻게 생각하는지에 굉장히 신경 쓰고 늘 자신만 봐주길 기대한다. 앞에서 말했듯 고독을 견딜 수 없는 사람들을 두고 우스갯소리로 '강아지'과라고 한다. 물론 남자들이 '강아지'과 여자보다 '고양이'과 여자를 선호한다고 해도 억지로 '고양이'과 여자로 변하기 위해 애쓸 필요는 없다.

　'고양이'과인 사람은 고독을 즐기기 때문에 타인과의 소통 없이도 잘 지낼 수 있다. 스스로 털을 핥고 자신을 아낀다. 하지만 고독을 아는 사람일수록 사실은 고독을 몸서리치게 싫어하고 타인의 사랑에 목말라 있다는 사실. 정작 그들은 '고양이'처럼 도도하게 그 사실을 부정하기 때문에 점점 외로워지는 게 아닐까.

소위 '간만 보는' 남녀관계도 있고, 어떻게 될지 모르는 미래를 위해 '어장관리'를 하는 사람도 있다. '연애'라는 정글 속에서 어떤 상대와 맞닥뜨리게 될지 아무도 모른다. 사랑을 글로 배운 사람을 만나거나, 책임감이 없는 남자를 만날지도 모르는 일. 누군가와 어떤 사랑을 하든, 결과에 책임을 지고 자신의 모습을 인정할 수 있는 성숙한 사람이 되어야 한다. 남자와의 관계가 틀어졌다고 자기 자신을 학대하거나 자기비하에 빠져서 허우적거리는 것만큼 보기 싫은 모습도 없을 것이다. 누군가를 만나 이별의 아픔을 느낄 수는 있지만, 그 이별로 인해 자신이 모두 무너져버리지는 않도록 스스로를 단련해야 한다.

20대와 상담하면서 연애 이야기기 나오면 베스트셀러인 '아프니까 청춘이다'라는 책을 많이 권한다. 내가 좋아하는 구절 하나를 읽어주면서 말이다.

'온몸을 던져 사랑하라. 마치 내일이 없는 것처럼 사랑하라'

마음건강주치의의 특별한 처방전

♥ 마음건강주치의의 노트

> 남자친구 때문에 다이어트를 망친 지난 주. 상담을 통해 A가 그동안 해온 연애에 대해 탐색했다. A가 남자를 만나고 헤어지는 것에는 반복적이고 독특한 패턴이 있었다. 헤어지고 나서도 심리적인 허기를 채우는 방법을 잘 모르고 있다. 혼자 있는 법을 배우고, 자기 자신을 아낄 수 있도록 도와야겠다.

 독서처방

「아프니까 청춘이다」

김난도 지음 / 쌤앤파커스

추천도 ★★★★☆

전 연령대를 대상으로 조사한 결과 20대의 스트레스가 가장 심하다는 뉴스를 본 적이 있다. 젊은이들은 아름답지만, 그 이면에는 엄청난 시련과 충돌이 있을 것이다. 인생에서 가장 치열한 시기에 그들을 제대로 된 방향으로 이끌어줄 어른이 점점 부족해진다는 생각이 든다.

〈아프니까 청춘이다〉는 지은이 김난도 교수가 자신의 이야기를 바탕으로 제자들을 위해 쓴 책이다. 책장을 넘기면서 진료실에서 만난 젊은 사람들의 얼굴이 떠올랐다. 그들에게 선물하고 싶은 책이다.

나 또한 얼마나 많은 시간동안 '의대에 계속 남아 있어야 하나'로 고민했는지 모른다. 나이가 들어서도 내 결정에 자신이 없었다. 이런 고민을 같이 해주고, 이끌어줄 만한 사람은 어디에도 없는 듯 했다. 혼자 고통 속에서 소리 없이 울고만 있었다. 철저하게 혼자가 되어 보고 나서야 나의 내면을 들여다볼 수 있었다. 그런 고민의 끝에서 미국행을 결정하게 된 것이다. 젊을 때 아니면 그런 고민과 일탈을 해 보겠냐고 하지만, 사실 다시 20대로 돌아가라고 하면 죽기보다 싫을 정도로 치열했던 시절이었다. 이 세상의 모든 젊은이들이 겪어야 할 치열한 시기이지만, 보다 많은 것을 얻고, 느낄 수 있다면 좋겠다.

목요일의 여자 B

남편의 여자

B의 여행 이후 나의 마음도 괜스레 설렌다. 본격적인 변화가 시작된 그녀. 오늘은 어떤 이야기들을 가지고 나타날지 궁금해진다. 문을 열고 상담실에 들어선 B. 옷차림부터 달라보였다. 어두운 색 옷으로 몸매를 가리기에만 급급했던 모습에서, 화사하고 순수한 소녀 같은 모습이 보였다. 살이 빠져서일까, 삶을 즐기기 시작해서일까.

'그 때 그 시절'의 단어, 정조

상담을 시작하고 얼마 지나지 않아, B는 핸드폰을 꺼내어 한

장의 사진을 보여주었다.

"지난주 경주에서 찍은 사진이에요. 박물관에서 봤는데 신기해서 찍었어요."
"보기만 해도 무시무시하네요."

B가 보여준 것은 처음 보는 남자 정조대 사진이었다. 십자군 전쟁이 정조대의 시초였다. 기독교인 군사들이 자신이 전쟁터에 나가 있는 동안 부인이 부정을 저지를까봐 정조대를 채워놓았다고 한다. 혼자 남아 톱니바퀴 같은 정조대를 차고 몇 달, 몇 년씩 대소변은 어떻게 해결했을까. 저 박물관에 전시돼 있는 것은 '전쟁을 떠난 남편에게도 공평하게 정조대를 채워야 하는 게 아닌가'라는 생각으로 만들 전시물인 것 같다.

과거에도 그랬지만, 지금도 여전히 남자들은 사회생활을 한다는 이유로 '패스'되는 게 많다. 남녀의 역할이 많이 바뀌고 있는 요즘, 아직도 그런 의식이 남아 있다는 게 믿어지지 않지만. 심지어 바람피워서 가정을 파탄 낸 남편이 병원에 와서 나에게 큰소리를 친다.

'선생님, 요즘 남편들 중에 애인 하나 없는 사람 있는 줄 아세요? 접대자리에서 여자 안 끼고 놀면 사업도 못한다고요!'

요즘은 남자, 여자 할 것 없이 '마음의 정조대'를 채우지 않으면 안 될 것 같은 시대이다. '순결'이라고 한 번 말해 보라. 그 단어를 내뱉는 순간 시선을 한 몸에 받게 되는 경험을 하게 될 테니. 순결을 주장하는 이는 구닥다리 취급을 당하는 시대가 되었다. 하물며 '정조'라는 말은 애저녁에 사라졌다.

"이 사진은 왜 찍으셨어요?"
"박물관에서 이게 제일 눈에 띄더라고요. 신기했어요."
"사진으로만 봐도 신기하네요. 지금 시대에 제일 필요한 것 같네요."

나의 농담을 듣고 웃고는 있지만, B의 표정은 그리 밝지 못하다. 이 사진을 괜히 찍은 게 아닐 것이다.

"사실 애들 어릴 때 저도 집을 나가려던 적이 있어요. 딸은 아직도 기억하더라고요. 트렁크에 옷을 대충 집어넣고 나가려니까 막 울면서 매달렸었거든요."
"무슨 일이 있었나요?"
"그날, 남편이 꽤 오랫동안 바람을 피웠다는 사실을 알게 되었어요. 불륜관계죠."
"불륜이라……. 사실을 알고 많이 놀랐겠어요. 그 사실을 알고 마음이 어땠나요?"
"놀란 정도가 아니었어요. 남편은 아니라고 끝까지 우겼지만, 알 수 있었어요. 여자의 직감이란 거 무시 못 하잖아요. 그 여자가 다니는 직장까지 알아냈는데 하늘을 우러러 한 점 부끄러움 없다고 하더라고요. 기가 차서……."

한 사람의 외도가 주는 고통은 두 부부를 모두 망가뜨린다. B는 이 이야기를 한 번도 입 밖에 내 본 적이 없다고 한다.

"집에서 살림하는 여자가 참는 것 말고 할 수 있는 게 뭐가 있겠나 싶었어요. 그게 최선인 것 같았고. 이혼도 생각해 봤지만, 혼자 애들 키우며 살기에 세상이 호락호락하지 않으니까……."

B는 세상이 두려웠다. 남편의 말대로 외도가 거짓이기만을 바라면서 눈뜬장님처럼 살아온 것이다. 외도로 인한 피해자는 홀로 남겨진다는 생각에 두려움을 느끼고, 배신감을 느낀다. 그 상처는 여자들의 몫인 경우가 많다. 대부분의 여자들은 자신보다 다른 사람을 위해 희생하는 삶을 살아간다. 엄마로서, 아내로서. 때문에 남편의 불륜을 알게 돼도, 가정을 위해 기꺼이 희생하는 경우가 많다고 한다. 본능적인 문제니 어쩔 수 없다.

반대로 불륜이라는 상황에서 어떤 남자들은 자신의 일상에는 어떠한 변화도, 피해도 만들지 않으며 애인과 아내를 잡아두는 경우가 있다. 어떤 남자는 자신의 불륜을 알게 된 아내와 함께 병원에 찾아왔다. 아내가 괴로워하자, '남자들이 살다보면 그럴 수도 있지 왜 유난을 떠는지 모르겠다'며 나에게 따지듯 물었었다. 적반하장이다. 나를 찾아온 환자에게 대놓고 말할 수는 없었지만, 외도는 용서의 대상이 될 수 없다. 일방적으로 신뢰를 무너뜨렸다는 것만으로도 그 이유는 충분하다. 부부관계에서 한 사람의 외도는 씻을 수 없는 상처를 남긴다.

> "10년 다 된 일이지만, 아직도 잊을 수가 없네요. 이후로 남편과 그 문제에 대해 더 이상 얘기한 적은 없지만, 알아서 정리했다고 믿어요."

외도남은 정당하다?

한때 나도 불륜을 저지른 사람을 보면 대놓고 비난했었다. 정신과 의사로서 못난 짓이지만, 그들의 마음 따위는 궁금하지 않았다. 그저 눈에 불이 났다. 아내와 자식까지 있는 남자가 다른 애인을 만든다는 건 이해할 수 없는 일이었다. 하지만 여러 사람들과 상담을 하고 다양한 이야기들을 만나다 보니, '바람난' 남자의 마음도 조금은 이해할 수 있게 되었다.

가장으로서 겪는 경제적 압박과 자신을 잃어가는 생활 속에서 종종 말로는 표현할 수 없는 허무함과 두려움에 휩싸인다. 아내와 자식에게만큼은 나약한 모습을 감추고 싶어 한다. 그들은 '도대체 남자가 왜 그러냐, 그 정도밖에 안 되는 인간이냐' 등의 지탄보다는 말없이 등을 두드려주는 손길을 기대하는 것이다.

> "오십이 다 되어 가는데 어떻게 이십대 때나 불타던 성욕이 남아 있을 수 있죠? 아무리 남자랑 여자가 달라도 그렇지. 여자는 나이 들어서 남편에게 몸 보여주는 것도 싫

어지잖아요. 배는 나왔지, 가슴은 처졌지……"

B는 이제 와서 생각하니 다시 화가 나는지 열변을 토했다. 부부로 몇 십 년을 넘게 살면서 서로의 성에 대해 모른 척하고 살아갈 수 있을까? 젊으나, 늙으나 서로에게 매력적인 존재로 남으려면 엄청난 자기관리가 필요하다. 육체적으로는 물론 정신적인 부분도 영향이 크다. 가끔 우리 병원에서 비만치료에 성공한 후 부부관계를 회복하는 환자가 있다. 중년의 나이에도 부부관계를 지속하기 위한 노력이 필요하다. 순전히 배우자의 외도를 막기 위해서만은 아니다.

이런 문제로 상담을 요청하는 경우, 실제로 비아그라를 처방하기도 한다. 이 방법으로 부부 사이의 많은 문제들이 해결되는 경우가 많다. 성행위 자체에도 의미가 있겠지만, 자연스러운 스킨십을 통해 부부의 친밀감을 확인할 수 있고 대화할 수 있는 기회도 생긴다. 더불어 남편에게는 중년의 외로움과 긴장을 달래주고, 아내는 자신의 여성성을 확인하고 사랑받는 느낌에 만족을 느낀다.

예전에 상담을 하러 온 중년 남성에게 부부관계에 대해 질문한 적이 있었다.

"아내와의 섹스요? 의무방어전일 뿐이죠. 별로 하고 싶지 않아요. 대신 밖에서 얼마든지 기회가 있으니까요."

이런 대답이 돌아왔다. 이해 못하는 바도 아니다. 요즘은 특히 아내와의 잠자리를 회복하기 위해 노력하는 것보다 훨씬 쉽게 다른 상대를 찾을 수 있다. 세상이 이렇다보니, 외도는 '실수'가 아니라, 남자들이 살아가는 한 가지 수단인 것처럼 됐다. 심지어 남자들 사이에서 애인이 있는 남성이 부러움의 대상이 된다고도 한다.

김정운 교수의 〈나는 아내와의 결혼을 후회한다〉라는 제목의 책이 엄청나게 잘 팔렸다고 한다. 단지 호기심을 자극하는 제목 때문만은 아닐 것이다. 수다로도 떨쳐버릴 수 없는 중년 남성들의 내면을 깊숙하게 파고드는 코드가 그들에게 안식처를 마련해주기 때문이 아닐까.

결혼은 미친 짓이다

언젠가, 의도적으로 영화 〈지금 사랑하는 사람과 살고 있습니까〉를 반복적으로 본 적이 있었다.

"나를 보면 아직도 심장이 두근거려?"
"에이, 그럼 그건 심장병이지……."

이런 대사가 마음을 파고들었던 영화. 사랑의 정의가 '상대를 생각하면 두근거리는 것'이라고 가정해 보자. 그 신선함이 사라진 관계는 사랑이 아닐까? 영화를 보고 나면 이런 질문이 내 머릿속에 맴돌았다. 두 부부, 네 명의 남녀가 서로 다른 상대에게

끌린다는 식상한 줄거리. 하지만 마지막 장면은 관객에게 선택을 돌린다. 기혼인 관객이라면, 네 남녀가 각자의 파트너를 바꾸어 결혼생활을 한다고 해도 달라질 게 없다고 생각할 것이다.

결혼은 신이 인간을 향해 내린 축복이라고 하는데, 왜 이 시대의 많은 부부들은 '이 결혼, 다시 하겠습니까?'라는 질문에 답하기 주저할까? 각자가 선택한 결혼을 유지하려면 대충 잡아도 30년 이상 한 배우자를 상대로 윤리와 도덕이라는 이름 아래 부단한 노력이 필요하다. 사실 이건 매우 어려운 일이다. 우리 인간의 선택과 의지는 불완전하기 짝이 없기 때문이다. 아무리 처음에 사랑을 한다고 해도 인간의 뇌에서 분비되는 호르몬은 3년이면 수명을 다한다. 생물학적으로 어려운 일이라고 증명된 일이다.

게다가 사람의 일이라 아무도 모르는 것. 아무리 똑 소리 나게 배우자를 잘 선택했다고 해도, 수십 년간 부부에게 일어날 크고 작은 일들과 심리적 변화는 예측하기 힘들다. 이런 현실적인 문제들 앞에서 '결혼'이라는 제도가 무너져 내리는 것을 지켜볼 수밖에 없는 일. 이런 사실을 알면서도 지금 이 순간 수많은 젊은이들이 평생을 변치 않고 함께 하겠다는 결혼서약을 하고 있을 것이다. 뭐라 표현할 수 없는 이 기분……. 사투리로 표현을 하자면 '참, 마음이 깝깝하다'.

B도 결혼이라는 제도 안에서 산 지 벌써 20년이 넘었다. 남편의 외도에 대해 이야기하면서 그녀가 '결혼' 후 얼마나 인내하며 살았는지 알 수 있었다. 이 땅의 전업주부들의 외침.

내가 더러워서 참는다!!!

그들에게 '다시 태어나면 또 결혼할 건가요?'라고 질문했을 때, 흔쾌히 '네'라고 답할 수 있는 사람은 몇이나 될까?

"선생님이랑 이야기한 덕분에 내 지난 결혼생활을 돌아볼 수 있겠네요. 교회에 다녀서 그런지 이혼은 꿈도 못 꾸고 살았는데……. 불륜까지 참아가면서."

B는 모태신앙의 기독교인이다. 나의 '신학대학원'이라는 배경 덕분에 기회가 되면 환자들과 신앙에 대한 이야기도 편하게 할 수 있다는 점이 참 좋다.

"그래요? 그 당시에도 생각을 많이 하고 결론을 내리신 거겠죠. 일반인과 달리 기독교인으로서 '결혼'이란 걸 어떻게 생각하세요? 많이 다른가요?"

환자와 가치관에 대한 이야기를 하는 것은 상담에서 참 중요한 이슈이다. 환자뿐만 아니라 의사인 내게도 좋은 일이다. 내가 가지고 있는 가치관과 다른 사람의 생각도 비교해볼 수 있는 기회도 생긴다. 내심 기독교에서 말하는 가치들이 '이혼'과 '외도'를 막아줄 수 있을지 궁금하기도 했다.

일반적으로 이 시대를 사는 젊은이들은 각자의 취향에 따라 선택하고, 결혼한다. 그리고 자신의 의지와 노력으로 그 제도를 유지해나간다. 그러나 기독교인 부부에게 있어서 결혼제도는 단순히 '선택'과 '책임감'으로만 생각되는 것이 아니다. 물론 기독교인 부부도 비기독교인의 결혼처럼 기본적인 책임감과 자유가 있다. 하지만 거기에 +ɑ가 있다는 뜻이다.

> "교회에서 결혼에 대해 성경공부를 많이 했어요. 남편이 너무 미울 때는 새벽기도도 갔고요. 가서 기도하고나면 좀 편해지더라고요."

B와 교회와 신앙인으로서 결혼에 대한 생각 등에 대해 이야기를 나누었다. 대화를 요약하자면 이렇다. 성경에도 나와 있듯, 하나님이 아담과 하와를 이 세상 첫 번째 부부로 만드셨을 때, 그 부부를 향한 하나님의 계획과 목적이 있었다. 이것은 그 누구도 꺾을 수 없는 하나님의 꿈이었다. 땅을 파서 돌을 제하였다는 말은 '결혼이라는 약속을 할 때 창조주가 미리 부부를 준비시키셨다'는 뜻이고, 극상품 포도나무는 '우리에게 가장 적합한 배우자를 만나게 하셨다'는 의미라고 한다. 결혼을 망치려는 해로운 것이 침입하는 것을 막기 위해 망대를 세웠으며, 포도가 익으면 포도주를 담글 술틀을 만들며 결혼에 대해 기대를 하셨다고 한다. 결혼으로 부부가 된다는 것은 하나님도 소중하게 생각하셨던 축복이라는 것이다. 이처럼 오늘날 기독교인의 결혼 역시 단순한 두 사람의 약속과 제도가 아니라 하나님의 계획에 따라, 하나님을 증인으로 모시고 이루어진다는 것이다.

우리가 배우자를 '하나님이 내게 보내주신 최고의 배우자'라고 생각하면 얼마나 좋을까? 결혼생활에 해가 되는 요인은 막아내려고 노력하고, 항상 배우자에 대한 기대를 품고 있다면 지금보다 더 행복한 결혼생활을 할 수 있을 것이다. 하지만 수많은 부부들이 자신의 결혼에 대해 '잘못된 만남'이라 생각하고, 부부 사이에 해가 되는 문제도 특별한 거부감 없이 받아들인다는 게 문제다. 이런 상태로는 결혼생활이 파탄 나는 건 시간문제이다.

많은 경우, '잘못된 만남'으로부터 탈출하기 위해 '외도'를 선택한다. 결혼생활에서 받은 부담과 스트레스 대신, 외도가 주는 스릴과 자유를 만끽한다. 마약 같은 즐거움을 느끼는 동안에 자신의 영혼과 가족에게 미치는 악영향들은 간과한 채로…….

"남편이 바람을 피운다는 사실을 알았을 때, 어떤 대화도 나누고 싶지 않았어요. 정나미가 떨어진 거죠. 그러다 보니 점점 나만의 비밀이 많아졌어요. 주일예배에는 함께 참석했지만, 옆에 앉아 있는 그 사람이 너무 미웠어요. 자기가 아무리 부인해도 하나님은 그 사람이 다른 여자와 놀아난 것을 분명히 알고 계실 텐데 어쩜 저렇게 뻔뻔하게 기도를 할까 싶은 생각도 들었어요."

바람 피우는 사람은 배우자와의 약속을 깨뜨리고 상대가 모르는 비밀을 만들면서 서로의 신뢰에 위협을 가한다. 배우자의 불륜이 의심될 때 '결혼생활을 왜 유지해야 하는지' 등의 극단적인 생각이 제일 먼저 떠오를 것이다. 하지만 감히 나는 결혼이라는 제도가 유지되어야하는 이유에 대해 이성적으로 생각해 보기를 권한다. 이런 점에 있어서 기독교인은 비기독교인과 다르게 한 번 더 생각해 볼 기회를 얻는다. '결혼의 목적' 자체에 하나님의 계획과 꿈을 추가하기 때문에 부부사이를 시작할 때와 마찬가지로 끝낼 때도 불완전한 인간에게만 의존하지 않는다는 점이다.

"함께 교회에 앉아 있는데도 그렇게 미우면 말 다 했죠, 뭐. 자기 만나서 내가 얼마나 죽어지냈는데. 포기한 게 얼마나 많은데!"
"그래요? 결혼하면서 포기한 게 뭐죠?"
"너무 많죠. 조금 더 즐길 수 있었을지도 모르고. 맞나, 꿈도 포기했어요. 아나운서가 되는 게 꿈이었는데……."

우수한 학점으로 교수님의 추천서까지 받고 보도국에 입사한 그녀. 하지만 열정을 불태워 보지도 못하고 지금의 남편과 결혼을 했다. 몇 년 더 일했으면 꿈을 이룰 수 있었을 거라며 아쉬워하는 그녀. 잃어버린 꿈과 함께 지나온 시간이 모조리 아까워지는 순간일 것이다. 그저 같은 인간일 뿐인 사람이, 배우자의 이십여 년을 이렇게 무가치하게 만들 수 있다니.

"결혼하기 전 조금 서둘러 직장을 그만 뒀어요. 시부모님이 일하는 며느리를 원치 않으시기도 했고……. 지금 생각하면 말도 안 되죠. 일하는데 남자, 여자 구분이 있나요? 능력되면 하는 거지. 아무튼 그 시절엔 그랬어요. 기껏 대학 나와서 집에서 밥하고 빨래만 했죠. 공부는 괜히 했나 봐요."

B는 약간의 '썩소'와 함께 어울리지 않게 빈정댔다. 항상 조용한 편이었던 사람이 남편의 외도에 대해 털어놓으면서 극적인 모습을 보였다.

"전업주부로서의 생활이 만족스럽지 않았나 봐요."
"아이들 키우는 건 그래도 좋았어요. 나름 친정에서는 귀한 딸로 자랐는데 시집가서 죽어라 집안일만 하니까 친정 엄마가 볼 때마다 우셨어요. 시어머니는 혼자되신 지 오래인데다가 성격도 알아주는 분이었거든요. 시집살이 엄청 했죠."

결혼과 함께 사라져간 꿈, 결혼과 시작된 시집살이, 남편의 외도, 아이들과의 트러블……. 그녀가 자신의 모습을 잃어버릴 수밖에 없었던 수많은 요인들이다. 나와 체중감량을 하면서 그동안 잃어버린 심리적인 에너지가 되돌아오기를 바란다. 체중감량을 하려면 물론 음식도 잘 살펴야하고, 운동도 해야 한다. 하지만 무엇보다 중요한 건 자신의 몸과 마음을 되돌아보고 재정

비하는 시간이다. 몸의 구석구석이 잘 움직이고 있는지도 확인하고, 상처받은 마음과 스트레스로 가득한 머릿속도 확인해줘야 한다.

"나를 위해 산다는 건 사치였어요. 나를 위해 뭔가를 해야겠다는 생각 자체가 안 들었으니까요. 어쩌다 시작하게 된 다이어트도 집안일에 치이다보면 항상 흐지부지 끝나고. 그래서 병원에 찾아온 건데……. 선생님이랑 이런저런 이야기하면서 살까지 빼니까 내 인생을 되찾는 느낌이랄까? 아무튼 좋네요."

"만약 결혼 전으로 돌아간다면 지금 남편과 다시 결혼하시겠어요?"

"글쎄요."

이 질문에 대한 뉴스를 본 적이 있다. 응답자 중 남편측은 43.6%가 '그렇다'고 답한 반면, 여자들의 반응은 냉담했다. 한국의 결혼은 남성보다 여성에게 더 불만족스러운 생활이라는 것에 대한 확실한 증거가 아닐까. '지금 사랑하는 사람과 살고 있습니까?'라는 질문에 답하기 위해서는 스스로 사랑에 대한 정의를 확실히 할 필요가 있다. 나는 이 질문을 이렇게 바꿔 묻고 싶다. '당신은 배우자를 사랑하려고 노력하고 있습니까?'

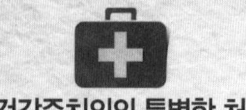
마음건강주치의의 특별한 처방전

  마음건강주치의의 노트

> B의 체중은 꾸준히 줄어들고 있지만, 상담이 진행될수록 내면의 상처가 드러나고 있다. 부디 나와 함께 상담을 하면서 몸의 건강뿐만 아니라, 마음의 건강도 되찾아 돌아가길 바란다.

  상담&처방

남편의 외도에 대한 비밀을 공유했다. 하지만 모태신앙의 독실한 기독교인인 B. 그녀와 성경에 대한 이야기를 나누며 결혼에 대해 다시 한 번 생각하는 시간을 가졌다. 종교적인 측면에서 볼 때는 물론이고, 인간의 머리로 생각했을 때도 결혼이라는 것은 만만한 일이 아니다. 부부의 관계 역시 쉽게 맺고, 쉽게 끊을 수 있는 것이 아니다. 그런 면에서 B의 선택과 지금의 결과를 지지하지만, 깔끔하게 끝맺지 않고 무조건 참으며 살아왔다는 것에는 반대이다. 이미 지난 일이기는 하지만, 어떻게든 상처의 쓴뿌리를 해결하기 바란다. 남편과의 진솔한 대화가 가장 좋은 방법이다. 선택은 B의 몫이다.

 영화처방

<아내가 결혼했다>

정윤수 연출

손예진, 김주혁 주연

추천도 ★★★★☆

자신 있어? 평생 한 사람만 사랑할 자신!

미모, 귀여운 애교, 지적인 면모, 스포츠에 대한 열정과 지식을 가진 여자 인아. 남자 덕훈이 보기에 완벽한 여자였다. 말까지 잘 통하는 인아를 만날수록 보통 여자와는 다른 매력에 푹 빠져든다. 한 여자만을 평생토록 사랑하고 싶은 덕훈과는 달리, 덕훈을 사랑하지만 덕훈'만'을 사랑하는 건 아니라는 인아. 자기는 평생동안 사랑하는 사람'들'과 사랑하며 살고 싶다고 한다. 이 자유로운 여자여!

어느 날 인아의 핸드폰은 꺼져 있고, 밤새도록 연락이 안 되자 불안함에 휩싸인 덕훈. 인아를 만나자마자 폭발하며 따져 묻는다. 그 시간에 다른 남자와 잤다는 충격적인 인아의 고백. 덕훈은 이별을 선언하고 돌아서지만, 그녀의 매력에서 헤어나기엔 너무 깊이 빠져버렸다. 고민 끝에 그녀를 독점하기 위해 결혼을 결심한다. 하지만 인아는 자유로운 연애를 조건으로 내걸고, 덕훈 역시 그 조건을 받아들이고 결혼을 한다.

매일 밤 축구를 보며 즐기는 잠자리와 완벽한 인아의 요리 솜씨는 덕훈을 미칠듯 행복하게 만들어주었다. 하지만 시한폭탄 같은 그녀, 인아. 또 한 번 충격적인 선언을 한다. 사랑하는 남자가 생겼다며 그 녀석과도 결혼을 하겠다는데……

HEALING

DIET

일곱번째주
진료실
엿보기

화요일의 여자 A

7th session

이별의 주인도 결국 우리

출근 전, 잠이 덜 깨어 멍한 표정으로 아침방송을 본다. 헤어진 연인이 다시 만나자는 요구를 들어주지 않는다는 이유로 협박과 폭력을 가했다는 뉴스가 나온다. 요즘 점점 '어떻게 저런 일이……'라는 말이 절로 나오는 뉴스가 많아진다. 진료실에서도 마찬가지다. 어쩌면 더 생생한 이야기를 들을 수도 있다. '끝'이라는 것은 모든 일을 맺는 중요한 순간인데, 기억하고 싶을 만큼 아름답지 못한 경우가 많다. 연인 관계에서도 그렇다. 데이트 폭력은 흔한 일이 되었다. 심지어 돈 문제로 끝나는 커플도 있다. 실연을 겪은 임신 8주차의 여자가 홀로 수술을 받고, 어떤 여자는 헤어진 남자친구의 부모를 협박하기도 한다. '사랑'은 더 이상 우리가 꿈꾸는 동화처럼 예쁘지 않다.

영원한 것은 없다는 사실만 영원하다

사랑이라는 것은 성숙한 두 남녀 사이에 책임감이 동반되어야 하는 육체적, 정신적 행위이다. 시작하는 연인은, 먼저 서로에게 경계를 늦추고 비밀들을 공유하며 감정을 나누는 시간을 거친다. 내가 경계를 느슨하게 한만큼 나의 내면이 상대에게 많이 드러나기도 하고, 반대로 상대의 솔직한 모습을 보게 되기도 한다. 자신들도 모르는 사이에 일종의 정신치료와 같은 과정을 겪는 것이다. 이렇게 서로의 예쁜 모습과 상처들을 보여주며 보듬어주던 남녀가, 실연을 겪기도 한다. 그런 이유로 상담을 요청해 올 때, 가장 많이 하는 말은 'why?'이다. 사랑했던 그 사람이 왜 그렇게 변한 건지, 왜 나한테 이러는 건지. 모든 이별 뒤에는 '왜 우리가 헤어졌을까?'라는 질문의 답을 찾는 과정이 필요하다. 그것이 궁금하다. 도대체 왜 그는 나를 떠났을까?

"최근 헤어진 남자와 정말 힘하게 헤어졌어요. 결혼까지 할 뻔 했었는데……. 선생님, 지금 사귀는 남자랑 결혼해야 할까요? 전 잘 모르겠어요. 만약 결혼하지 않을 거라면 지금 괜히 시간 낭비하는 거 아닌가 싶은 생각도 들거든요."

"내가 볼 땐, 지금 그 남자와 결혼할 마음이 없는 것 같은데, 맞아요?"

"같이 있을 때 좋고, 주변에서도 잘 어울린다고 하기는 하는데……. 결혼할 만한 상대는 아닌 것 같아요. 저보다 조건도 좋지 않고, 철이 좀 없는 것 같기도 하고……. 아무튼 잘 모르겠어요."

"결혼할 생각이 안 든다면, 언젠가는 헤어져야겠네요."

"그러네요. 근데 또 다시 헤어질 걸 생각하니 쉽지 않아요. 헤어지려고 마음먹고 거리를 좀 뒀다가도, 안 보면 힘들어서 다시 만나게 돼요."

결혼이 사랑의 목표일까? 사랑의 완성은 결혼이어야 할까? 이 질문에 단호하게 대답할 수 있다. 내 대답은 'NO'이다. 사랑하는 연인이 반드시 결혼에 골인해야 하는 것도 아니고, 그렇지 않은 경우가 더 흔한 것이 현실이다. 이별을 겪게 되더라도 상대를 원망하기보다는 '연애'의 많은 과정 중 하나로 받아들이는 이성적인 사고가 필요하다. 물론 아끼던 사람과 헤어진다는 것 자체가 '심리적 에너지'를 많이 빼앗기는 일이지만, 그로 인한 후유증이 길어질수록 에너지는 아예 바닥날 것이다. '나는 앞으로 다시는 사랑을 못 할 거야'라고 비관하거나, '나만 상처 입고 끝나버렸어'라며 이기적으로 분노를 표출하는 것은 절대 금물이다. 결과가 실망스럽고 용서할 수 없더라도 자신의 사랑을 대견스럽게 생각해야 한다. '그래, 나는 충분히 사랑했고 어른스럽게 마무리했어!'라고 스스로에게 말해 보자.

사람들은 누구나 아픔을 겪고, 저마다 그 아픔을 잊어간다. 그 과정은 때에 따라 상당히 힘들기도 하고, 간단히 해결되기도 한다. 하지만 분명한 것은 시간이 흐르면 고통과 슬픔은 점점 옅어진다는 것이다. 시간이 약이라는 말이 있듯, 돌이켜보면 조금 바래기는 했지만 나름 소중한 추억으로 남아 있을 것이다. 진정 사랑했다면, 나를 위해서라도 조금은 편하게 흘려보낼 수 있었으면 좋겠다.

"예전에 집착이 심하다는 이유로 사귀던 남자가 떠났어요. 다시는 마음 아프기 싫었는데……. 새로운 사람을 만나도 자꾸만 헤어졌죠. 결혼도 못할 것 같아요."
"헤어질 때마다 많이 힘들었겠어요. A 씨의 방식을 상대는 집착이라 여겼나 봐요."

그 순간, A에게 해줄 수 있는 게 위로밖에 없었다. 사실 위로가 필요한 순간이긴 했다 하지만 내가 정말 해주고 싶은 말은 따로 있었다. '어떤 관계든 결론은 결국 이별이라는 것'. A를 위해서라도 되도록 냉정하게 말해주고 싶었다. 그래서 그 헤어짐이 어느 누구의 탓도 아니라는 걸. 우리는 이별을 받아들이는 대신 항상 자신, 혹은 상대방의 탓을 하는 경향이 있다. 슬프지만, 안타깝지만, 어떤 사랑도 영원히 지속되지 못한다. 죽음을 초월할 수 있는 관계가 있을까?
영원한 것이 없다는 사실만 영원하다는 걸 깨달았을 때 나는 온종일 누워만 있었을 정도로 충격을 받았다. 캘리포니아에 갔을 때 정말 아름다운 노을을 본 적이 있다. 누군가 옆에서 '노을이 아름다운 이유는 다시는 볼 수 없는 태양의 잔재 때문'이라고 말해줬던 기억이 난다. 영화 〈트로이〉에 보면 이런 대사가 나온다.

"신은 인간을 부러워한다. 그들에게는 인간에게 있는 '지금 이 순간'이 없기 때문이다. 영원의 개념이 없는 인간에게 지금 이 순간은 다시 오지 않기 때문에 아름답다"

이 대사가 머릿속에 맴돌아 몇 번을 다시 봤다. 신에게도 없는 아름다운 '순간'을 즐기며 산다면, 매 순간 감사하며 살 수 있지 않을까?

'결혼제도'가 이 사회를 유지할 수 있는 큰 힘인 것이 사실이다. 하지만 아직도 '남들이 결혼하니까, 남들도 서른쯤에는 하니까' 라는 생각으로 결혼을 대하는 젊은이들이 많다는 게 놀랍다.

요즘은 극단적인 두 가지 결혼 유형이 자주 보인다. 부모가 원하는 상대와 그냥 결혼해버리거나, 반대로 부모가 반대하는 결혼을 무모하게 추진하는 경우이다. 몇 주 전 토요일, 반가운 메일이 도착했다. 예전에 결혼을 앞두고 상담을 받았던 20대 여성의 메일이다. 자신의 결혼관에 대해 심각하게 고민했었다. 첫 만남에서 그녀의 첫 대사는 이러했다.

"제 결혼관에 대해 알고 싶어요."

자신의 결혼관은 본인이 제일 잘 알지 않나? 순간 머리가 멍, 해졌지만 상담을 진행하는 동안 결혼을 앞두고 마음을 잡지 못하는 심리를 알 수 있었다. 그녀가 나를 찾아온 것에 대한 답을 주기 위해 결혼하고자 하는 남자와 그녀의 만남을 처음부터 함께 짚어나갔다. 그렇게 몇 번의 상담을 거치고 돌아가 고민하고 있던 그녀에게 드디어 메일이 온 것이다. 그녀의 메일에는 내 마음을 움직이는 구절이 적혀 있었다.

'……선생님을 만나고 난 뒤, 정신과 가는 걸 이상하게 생각했던 제 자신이 부끄러웠어요. 해외생활을 많이 했는데도 정신과에 대해 보수적인 생각을 갖고 있었던 것 같아요. 상담을 통해 제 마음을 들여다볼 수 있게 됐고, 힘든 상황도 이성적으로, 합리적으로 생각할 수 있게 되어서 스스로도 놀라요.'

결혼을 확정하지는 않았지만, 긍정적으로 생각하고 있는 것 같았다. 물론 '자신의 마음을 잘 들여다보고, 이성적으로 생각' 하고 있는 것 같았다. 나도 기쁜 마음으로 답장을 전했다.

'……우리가 함께 상담하는 동안 했던 말 중에 이 말이 기억에 남아요. "결혼은 남을 위해 하는 것도, 남의 덕을 보기 위한 것도 아니다. 배우자와 내가 서로에게 의지하고 돕기 위해 하나가 되는 것이다"라는 거요. 부모님 문제는 걱정 마시고, 본인들의 마음과 결혼관을 굳건히 한다면 훌륭한 결정을 내릴 수 있을 거라 믿어요. _마음건강주치의 유은정'

그녀와의 상담시간에 이런 질문을 한 적이 있다.
"지금 결혼하려는 남자와의 성생활은 어떤가요? 결혼하고 싶은 이유나, 결혼하고 싶지 않은 이유에 그 문제가 포함되나요?"

결혼을 해서 하나가 된다는 것은 단순히 육체적 결합을 의미하는 것이 아니다. 하지만 결혼에 있어서 무시할 수 없는 문제임에는 틀림없다. 이 질문이 생각난 김에 A에게도 같은 질문을 던져보려 한다.

싫으면 싫다고 왜 말을 못해?!

"사실 전 남자친구랑 함께 있는 것은 좋은데 같이 자고 싶다는 생각은, 글쎄요……. 결혼에서 그 문제도 중요한 건데……. 그냥 솔로로 지내면 허전하고, 남자친구가 옆에 없으면 불안한 거지 굳이 모텔에 가야한다고 생각하진 않거든요."

"그런 문제에 대해서도 트러블이 있었나요?"

"네……. 남자친구의 요구가 너무 끈질겨서 할 수 없이 허락하게 되거든요."

항상 '섹스'라는 주제를 진료실에서 꺼내기란 쉽지 않은 일이다. 하지만 환자가 가진 성에 대한 정보는, 그 사람에 대한 중요한 정보가 많이 담긴 보석함과도 같다. 어쩌다가 그 보석함의 뚜껑이 열리는 순간이 오면 지나치지 말고 얼른 캐어내야 한다.

"그럼 남자친구와의 관계에 대해 조금 더 이야기를 해 볼까요?"

요즘 첫 경험의 시기는 많이 앞당겨졌다. 몇 년 전, 10대 청소년들을 대상으로 한 설문조사에서 성경험이 없는 아이들은 10%에 불과하다는 결과가 나왔다고 한다. 요즘 세대 청소년들은 기성세대들은 상상도 할 수 없는 성의식을 가지고 있다. 물론 섹스에 대한 생각은 지극히 개인적이고, 그만큼 다양하다. 하지만 대부분 첫 경험을 잘 모르는 상태로, 은밀하게, 덜컥 저지르게 된다는 것이 문제이다. '순결'에 대해 말하면 고리타분한 사람이 되어버린다. 요즘 부모는 과연 자식에게 혼전순결을 지키라고 강요할 수 있을까? 설사 요구한다한들, 지키지 못할 것을 뻔히 안다.

그렇다고 결혼 전 성관계가 나쁘냐고 묻는다면, 절대 그렇지 않다. 사랑하는 두 사람이 서로의 마음을 확인하고, 친밀감을 느낄 수 있는 아름답고도 꼭 필요한 일이다. 이를 통해 얻은 친밀감은 심리적으로 두 사람을 안정되게 해주고, 신뢰를 쌓게 한다. 물론 본인들의 마음을 잘 알고 책임질 수 있다면 말이다.

A처럼 이미 성인이 되고, 자신의 주장이 확고한 사람에게도 남녀 간의 성문제는 어려운 것 같다.

"남자친구가 저를 원한다는 말에 'No'라고 하지 못하겠어요. 후회할 걸 뻔히 알면서도 남자친구를 따라 모텔에 들어가는 저를 발견해요. 마음은 복잡하기만 한데……. 그렇게 싫은 것도 아니지만, 굳이 원한 것도 아니에요. 거의 매번 '몰라, 일단 왔는데 이제 와서 뭐라고 말해? 괜히 서로 어색해지지 않게 해야지'라는 식이에요."

대체 그녀 몸의 주인은 누구일까? 앞서 말했듯, 섹스는 단순한 육체적 접촉만이 아니다. 서로에 대한 마음이 확고한 가운데, 조금 더 친밀한 관계를 원한다는 전제 하에 이루어져야 한다. 자기주장이 무엇보다 중요하다는 것이다. A는 자기 몸에 대해 주장하지 못한 셈이다. 남을 위해 존재하는 삶이 아니라면, 자기 삶의 주인이 되고자 한다면 제일 먼저 자신의 내면에 귀를 기울여야 한다. 그렇게 자신이 정말 원하는 게 무엇인지 들어야한다. 여기까지 한다면 50점짜리다. 그 다음은, 내가 들은 나의 내면에 대해 '말'할 수 있어야 한다. 인간은 '언어의 동물'이다. 말하지 않고는 소통할 수 없다. 입을 꾹 다물고 상대가 내 마음을 알아주기 바라는 것만큼 바보 같은 일도 없다. 가끔 드라마를 보면, '그걸 꼭 말로 해야 하냐'며 눈물을 뚝뚝 흘리는 여자들이 있다. 네, 꼭 말로 하셔야 합니다!

A는 스스로 섹스에 대해 준비가 되지 않았다는 것을 알면서도, 주장하지 못했다. 그렇게 포기하듯 자신의 몸을 내어줌으로써 분위기는 망치지 않았지만, 그녀의 기분은 누가 보상해주나? 누가 '착한여자'가 아니랄까봐, 자신을 내팽개치며 그의 기분을 살피고 맞추려 안간힘을 쓴다. 그 장소가 침대 위인데도 말이다! 이런 일이 반복되다 보면, 자아는 점점 초라해질 뿐이다. 남자친구가 자신을 원하고 푹 빠져 있을 때는 기분이 좋지만, 그렇지 않을 때는 무시하는 것 같이 느껴지고, 후회가 막심이다.

기분이 아주 나빠지는 것이다. 왜 굳이 표현하지 않아 놓고, 나중에 피해의식을 느끼는 걸까? 어느 관계에서나, 상대를 위해 아낌없이 내어준 사람은 무언가 받을 일을 기대한다. 하지만 그러는 사이 상대는 갚기는커녕, 떠날 준비를 하고 있을지 모른다.

"대부분 그렇게 사귀다 보면 저에게 시들해지는 게 느껴져요. 다른 일로 꼬투리를 잡게 돼서 싸우고 헤어지면, 꼭 그 일이 후회됐어요. 언젠가는 모텔에서 나오자마자 토한 적이 있어요. 그리고 집에 가서 닥치는 대로 먹어댔어요. 지금도 그때 기억이 생생해요. 그날 섹스가 너무 싫었어요. 싫은데도 왜 그 자리에 있었는지 아직도 잘 모르겠어요."

'나는 아직 준비가 덜 됐어!'라고 핸드백을 들고 방에서 뛰쳐나오는 A를 상상해 본다. '쿨'하지는 못하더라도 그 정도 '성깔'은 있어야 자기 인생의 주인이 될 수 있다. 아이러니하게도, 그 순간 남자친구의 주인이 되기도 한다. 진정한 자유와 행복은, 스스로 지키고 싶은 기준을 지키고, 능동적으로 판단했을 때 얻을 수 있는 것이다. 섹스에 있어서도 자기 자신을 주장하고, 태도를 명확히 해야 한다. 그 누구도 아닌, 자신을 위해서 말이다.

"남자친구와 한 번이라도 솔직한 대화를 나눴으면 좋았을 텐데. 그런 말하기가 쉽진 않았겠죠?"

"어렵죠. 민망하기도 하고……. 그런 말하면 촌스럽지

않나 싶기도 하고, 말하기 힘들었어요."

"남자친구와의 잠자리가 싫었던 건 왜죠?"

"잘 모르겠어요. 약간 긴장한 탓도 있는 것 같고······. 제 몸을 보여주는 게 부담스럽기도 했어요. 자꾸 신경 쓰이고 불편하고."

성적인 욕구와 만족만을 위해 섹스를 하는 것은 아니다. 사랑하는 사람과 피부가 닿고, 은밀한 순간을 함께 나누는 게 좋은 것이다. 친밀감을 느끼고 싶은 강한 욕구에서 비롯되는 경우가 많다. 반대로, 충분히 사랑받지 못해 애정결핍을 느끼는 사람들이 자신의 충족되지 않은 욕구를 섹스를 통해 해결하려고 한다. 그것이 도리어 허탈감만 안겨준다는 사실을 모른 채.

"솔직해져야 해요. 자신이 정한 선, 허용할 수 있는 수위에 대해 공유해야만 해요. 대화는 서로를 존중하게 하고, 믿음을 키워주거든요. 사회적인 분위기를 따르려고 노력할 필요도 없어요. 내가 싫으면 싫은 거죠. 결정은 자기 자신이 하는 거예요. 자기의 몸이니까요."

인간은 언제부터 섹스를 하기 시작했을까. 섹스는 안정된 관계 속에서 극도의 친밀감을 느낄 수 있는 최고의 경험임에는 틀림없다. 그럴수록 자신의 주장에 당당해져야 한다. 주인이 되어야 한다. 역사에서도 볼 수 있듯, 섹스로 인한 타락과 파멸을 자초하는 경우가 있다. '자유'라는 이름 아래 무분별한 성관계, 자유연애, 혼외정사는 수천 년 전부터 끊임없이 사회를 멍들게 하고 있다. '남들도 다 그러니까'라며 사회에 끌려 다닌다면, 자신의 진정한 주인이 될 수 없다. 다른 어떤 문제에서도 그렇지만, 특히 섹스에 있어서는 스스로가 입장을 확고히 하고 자신의 자리를 굳건히 지키길 바란다.

마음건강주치의의 특별한 처방전

 마음건강주치의 노트

> A는 연인관계에서도, 성생활에서도 '착한여자'였다. 역시 본인에게는 '나쁜' 사람인 채로. 하지만, 다른 문제에서 '착한여자'의 모습으로 대처하는 것과는 엄청난 차이가 있다. 자신이 정한 기준, 마음, 그리고 소중한 몸을 위해 주인은 바로 자신이라는 것을 꼭 기억하길 바란다.

 상담내용

남자친구와의 관계에서 솔직하지 못하고 끌려 다니는 '착한여자' A 게다가 반복되는 헤어짐으로 인해 결혼에 대한 두려움을 갖고 있다. 누군가에게 버림받을 것을 두려워하고, 늘 불안해한다. 모든 관계는 영원할 수 없다는 것을 말해주고, 이별은 A의 잘못이 아니라는 것을 반복해서 말해주었다. 하지만 더 큰 문제는 성관계에서도 자기주장을 말하지 못한다는 것. 자기 몸의 주인이 누구인지 점검할 수 있는 기회를 주었고, 남자친구와 '섹스토크'를 통해 자존감을 높일 수 있도록 권했다.

 영화처방

〈봄날은 간다〉

허진호 연출

유지태, 이영애 주연

추천도 ★★★☆☆

겨울이 오고 봄이 오듯, 자연스럽게 봄은 간다

사운드 엔지니어 상우, 어느 겨울 지방 방송국 라디오 프로그램에서 일하게 된다. 자연의 소리를 채집해서 들려주는 그 프로그램을 위해 PD 은수와 함께 녹음 여행을 떠난다. 두 사람은 자연스럽게 가까워지고, 은수의 아파트에서 함께 밤을 보내게 된다. 짧은 시간 안에 사랑에 빠져버린 두 사람. 상우는 주체할 수 없을 정도로 그녀에게 빠져들었다.

겨울에 만난 두 사람은 함께 봄을 보내고, 여름이 시작될 무렵부터 관계가 삐걱거리기 시작한다. 한 번의 이혼 경험이 있는 은수는 상우에게 결혼할 생각이 없다는 뜻을 전했다.

"어떻게 사랑이 변하니?"

슬프게 묻는 상우, 그를 보는 은수는 차갑게 '헤어지자'는 말을 하고 돌아선다. 이별을 인정할 수 없었던 상우는 어쩔 줄 모른 채 시간만 보낸다. 영원히 변치 않을 것 같던 사랑은, 남겨진 이의 마음과는 상관없이 계절이 가듯 그렇게 자연스럽게 떠났다.

달콤한 인생을 위한 Tip

인간의 뇌에는 보상 회로$^{reward\ circuit}$가 존재한다. 어떤 일에 성공을 했을 때나, 갈망을 이루게 되면 보상회로가 작동하는데, 여기에서 분비되는 호르몬이 '도파민'이다. 도파민이 분비되면서 뇌는 쾌감을 느낀다. 흡연을 하면 니코틴이라는 물질이 뇌의 쾌감중추의 수용체(신경전달물질과 결합하여 활성화 되는 생물학적 열쇠)와 결합하면서 도파민이 생성되어 쾌감을 느끼게 해준다. 술, 도박, 섹스도 도파민을 매개로 보상회로를 작동시키는 것들이다. 쾌락불감증^{anhedonia}이라는 정신의학용어가 있다. 평소 재미나 보람을 느꼈던 일들에 점차 흥미를 잃고, 시시하게 여기게 되는 증상을 말한다. 신경생물학적 엔진이라고 할 수 있는 보상회로에 도파민이 말라가며 제대로 작동하지 못하는 것이다.

섹스로 무기력감을 달래는 사람들이 늘고 있다. 권태롭기 때문에, 우울하기 때문에 섹스에 매달리기도 한다. 외도 또는 프리섹스가 삶에 활력을 주는 비타민이라는 말이 나오는 것도 보상회로에 영향을 주는 도파민 때문이 아닐까. 하지만 우리는 호르몬이 주는 영향에도 이성적으로 대처할 줄 아는 인간이 되어야겠다.

예전에도, 지금도, 앞으로도 '나'

우울함을 호소하는 환자에게 내가 꼭 해주는 말이 있다. 내가 너무나 감당하기 힘든 상황에 있을 때, 존경하는 노교수님에게 들은 큰 힘이 되어준 말.

"터널의 끝은 반드시 있습니다. 지금은 보이지 않아도, 모든 일에는 끝이 반드시 있다는 것을 알았으면 좋겠습니다. 지금은 못 견디게 힘들지라도, 언젠가 이 모든 일이 아무것도 아닌 날이 올 거예요."

풍요속의 빈곤

　요즘은 환자 외에도 주변에 우울한 사람이 왜 이렇게 많은지 모르겠다. 이혼위기에 놓인 친구, 남편과 불화로 괴로워하는 동료, 직장에서 받는 스트레스로 힘들어하는 선배. 나이 탓일까. 우울함에 빠지는 것은 피할 수 없는 것인지도 모르겠다.

　진료실은 말할 것도 없었다. 어린 시절부터 부모의 불화를 지켜봤던 한 여성 환자는, 어린 자신의 눈앞에서 자살을 기도하려는 어머니의 옷에 매달려 울부짖으며 이 모든 문제는 자신의 잘못이라고 생각하게 되었다. 그녀는 어린 나이에 자신이 어떻게 해결할 수 없는 부모의 불화 때문에 얼마나 큰 상처를 입었을까. 인간이 평생을 살면서 수많은 일을 겪는데, 그 일들 때문에 받는 상처를 생각해 보면 우울증에 걸리지 않는 게 신기하게 느껴질 때가 있다.

　정신과 레지던트가 된 지 얼마 지나지 않아, 나는 환자의 죽음을 맞이했다. 20대 여성 환자였는데, 우울증으로 인해 입원과 퇴원을 반복했었다. 마지막으로 퇴원을 하고 가족과 캐나다로 여행을 갔는데, 어머니의 손을 뿌리치고 나이아가라 폭포에 몸을 던졌다고 한다. 가냘픈 몸매에 수줍어 보이던 그녀가 어떻게 그런 무시무시한 행동을 할 수 있었을까. 그렇게 소중한 딸을 눈앞에서 잃은 가족의 마음은 어땠을까. 그리고 몇 년 후, 나 역시 소중한 사람을 잃었다. 20대였던 나로서는 견디기 어려운 이별이었지만, 사랑하는 사람을 잃는 게 어디 나 한 사람뿐이었을까. 아무리 보고 싶어 하고, 그리워해도 그는 이미 옆에 없었다. 완벽할 것만 같았던 내 삶에, 그의 죽음은 외로움과 죄책감이라는 상처를 남겼지만 그 경험을 통해 얻은 것도 있었다. 살아있다는 것에 대한 감사, 주변의 작은 일들을 소중하게 여길 줄 아는 마음.

어쩌면 가지고 있는 것이 많은, 가질 수 있는 게 너무나 많은 풍요로운 이 시대가 우리를 더욱 허탈하게 만드는 건 아닐까. 끊임없이 새로운 것을 받아들여야 하고 배운 것은 금세 쓸모없게 된다. 최고가 되지 않고는 관심조차 받지 못하는 사회. 자신을 잃고, 거짓된 나로 살아야 하는 사회. 하지만 그 무엇도 행복하고자 하는 우리의 희망을 꺾을 수는 없다.

"선생님, 지난주에는 학창시절 친구를 만났어요."

결혼 이후 동창회에도 거의 나가지 않던 B가 스스로 동창들을 만났다는 것은 큰 변화였다. 마치 치료자에게 배달된 '선물'과 같은 기쁜 소식.

"오랜만에 친구에게 전화해봤어요. 너무 반갑기도 하고, 보고 싶은 마음에 약속을 잡았죠. 그래도 멀리는 못 가고 집근처에서 만났어요. 그 친구도 남편과 지독하게 어려운 시간을 보내고 있더라고요. 세 아이의 엄마인 친군데……. 제가 해줄 건 손을 맞잡고 같이 울어주는 것뿐이었어요."

친구를 위해 해줄 것이 없었다고 하지만, 우울한 시간에 함께 있어준 것만으로도 큰 힘이 됐을 것이다. 그 분은 눈물을 보일 수 있는 친구가 있다는 사실 자체로도 큰 힘을 얻었을 것이다. 세상에 혼자가 아니라는 믿음만큼 든든한 것이 또 있을까?

"해준 것도 없는데, 걔는 저한테 고맙다고 하더라고요. 상담하면서 선생님한테 들은 말 몇 마디 해준 게 다인데. 자신이랑 남편을 조금 더 이해할 수 있게 됐다고 고맙대요. 어릴 때부터 되게 씩씩하고 어른스러웠던 친구에요."

"잘하셨네요. 친구와 만나서 무슨 생각이 드셨어요?"

"그냥……. 어릴 때 생각이 났어요. 나름 문학소녀였는데. 아무리 아내로, 엄마로 역할을 잘하면 뭐하나 싶은 생각이 들었어요. 내 모습은 어디로 갔는지도 모르는데……. 그동안 아이들에게 잔소리하고 남편에게 집착했던 이유도, 내 자신을 잃고 살아서 그런 것 같다는 생각도 했어요."

잃어버렸던 나를 되찾고, 다가올 나를 그리기

B는 아주 절망스럽게 말하지 않았다. 앞으로 그 친구와 함께 예전 모습을 되찾아보자고 다짐했기 때문이란다. 자주 만나서 함께 영화를 보고, 각자 집에서 책을 읽고 함께 이야기를 나누기로 했다고. 문학소녀들다운 모습이었다. 이 일을 통해 자신을 위해 쓰는 시간이 더 이상 그녀에게 죄책감으로 다가오지 않길 바

란다. 앞으로 계획한대로 시간을 보낸다면, 그녀와 친구는 자신의 모습을 되찾아갈 것이고, 좋아하는 일을 하며 즐거워하는 자신들의 모습을 받아들이게 될 것이다.

애초부터 '자기애'라는 것이 없다면, 이 세상에 우울증이라는 병은 없을지 모른다. 자기 자신을 아끼기 때문에 우울함도 느끼는 것이다. 그러니 우울증을 마냥 부끄럽게 생각하지 말았으면 좋겠다. 우리 모두는 누구나 사랑받기 원하고, 그만큼 사랑받고 있다는 느낌은 중요하다. 정신과의사인 나도 예외는 아니다. 얼마 전 뒤통수를 맞은 듯한 기분을 느끼게 했던 친구의 말이 생각난다.

"사랑을 받으려고만 하지 말고, 사랑을 주면 안 되니? 왜 사랑해주는 걸 주저해? 마음껏 사랑을 주면 받는 사람도 행복하고, 그 사랑이 끝나더라도 후회는 없을 거 아니야."

외부로부터 끊임없는 관심과 자극을 받고 싶어 하는 것은 인간의 본능이다. 마치 어린 아이를 혼자 두면 울음을 터뜨리며 엄마의 관심을 끌듯 말이다. 허전한 마음을 달래기 위해 끊임없이 자극을 찾아 헤매는지도 모르겠다.

우리 모두에게 얼마나 위로가 필요한지 잘 알면서, 정작 나는 주변사람들에게 위로를 해주고 있을까? 사랑받는 것에는 너무나 익숙하지만, 사랑해주는 것에는 인색하지 않은지 스스로에게 묻고 싶다. 나이가 들수록 인격적인 부분에서 가장 중요하게 생각해야할 부분은 바로 이것이다. 나를 통해 주변사람들이 '위로'를 받고 있는지. 인생의 전반전이 나 자신을 높게 쌓는 과정이었다면, 후반전은 자신을 낮추고 그동안 쌓아온 경험과 여유로 주변사람들에게 좋은 영향을 주는 시간이어야 한다. 나중에 나이가 들어서도, 왕년에 어떠했는지 자랑만 늘어놓는 사람으로 살고 싶지 않다. 내 옆에 있는 소중한 사람을 높이고, 주위를 환하게 밝히는 사람이었으면 좋겠다.

여자이기를 포기하지 말자

"아참, 저 병원다닌 지 얼마 안 된 것 같은데 살이 많이 빠졌어요. 트레이닝이긴 하지만 몇 년 전에 입던 옷이 맞아요. 툭 튀어나왔던 옆구리 살도 해결했어요. 튼 살까지 없애긴 힘들겠지만……."

그러고 보니, 처음으로 몸매가 드러나는 옷을 입고 온 B. 약간 끼는 듯하지만, 트레이닝이 멋지게 어울렸다. 기분이 좋은지 생글생글 웃으며 말했다.

"생각해 보니까 애들 낳고 나서 산후우울증이 있었던 것 같아요. 처녀 때는 45kg 정도였는데, 애들 낳고 몸매가 푹 퍼졌었거든요."

출산 후에는 몸이 잘 붓고, 움직일 일이 적기 때문에 칼로리 소모도 적다. 거기에 산모 보양식으로 고칼로리 음식을 먹으면 체중은 '급' 늘어날 수밖에 없다. 요즘 젊은 엄마들은 출산했다고 살이 찐 상태를 유지하는 경우가 거의 없긴 하지만, 급격한 호르몬의 변화로 산후우울증이 올 수 있다. 임신 전 모습은 보이지 않고, 몸매도 '엄마'의 모습으로 변해간다. 여자는 자신의 몸이 여성성을 잃어간다는 것에 큰 스트레스를 받고, 화가 난다. 이런 이유로 출산 후에는 우울증을 겪지 않도록 각별히 신경 써야 한다. 만약 산후우울증과 산후비만이 생겼다면 치료를 병행하는 것이 중요하다.

"제가 해드린 것도 별로 없는데, 몰라보게 변하셨어요. 노력도 많이 하셨고요. 원래 모범생 스타일이셨던 것 같아요."
"무슨 말씀이세요, 선생님. 제가 원래 물만 마셔도 살찌는 체질이었는데 병원 와서 체질이 바뀐 것 같아요. 무조건 굶거나 원푸드 다이어트만이 최고인 줄 알았는데, 여기 와서 많이 배웠어요. 덕분에 스트레스 안 받고 먹고 싶은 거 먹으면서 즐겁게 다이어트 하고 있어요. 앞으로는 처녀 때 체중에 한 번 도전해 볼까 해요. 욕심이 과한가요?"

B는 처음 나를 찾아왔을 때보다 훨씬 밝아졌다. 외모도 아름다워졌지만, 마음가짐이나 태도가 긍정적으로 변한 것 같다.

"더 안 빼셔도 될 것 같은데. 지금도 충분히 예뻐요."

예쁘다는 내 말을 듣고 손사래를 치는 B. 예쁘다는 말을 듣고 한 번에 수긍하는 여자는 드물다. 나부터도 예쁘다는 말을 들으면 늘 한 가지 반응이다.

"무슨 그런 말씀을. 난 예쁘다고 생각한 적이 한 번도 없는데……."

예쁘다는 말보다, 내가 들었던 칭찬 중에 가장 마음에 들었던 말이 있는데 아직도 잊히지 않는다.

"너한테는 10대의 발랄함과 20대의 섹시함과 30대의 여유가 있어"

들으면 들을수록 참 기분 좋게 하는 칭찬이었다. 하지만 여자가 매력을 품고 사는 시기는 언제까지일까? 40대, 50대가 되어도 여자로서 예쁠 수 있을까? 나이가 들어도 세월에 길이 든 보석과 같은 모습으로 사람들에게 비춰졌으면 좋겠다. 마치 오래된 나무가 커다란 그늘을 드리워 주변 이들을 쉬게 하듯이.

"시간이 더 흘러도 점점 더 예뻐지고, 인간으로서도 매력이 넘치게 사셨으면 좋겠어요."

"정말 '여자의 인생은 다이어트의 연속'이라는 말이 맞나 봐요."

"맞아요. 여자이기를 포기하지 마세요. 단 한 순간도요."

마음건강주치의의 특별한 처방전

마음건강주치의의 노트

나이가 40이 되든, 50이 되든 한 여자로서, 인간으로서 매력적인 사람이 되는 일은 참 어렵다. 무조건 예쁜 모습을 추구하자는 것은 아니다. 젊어서만 외모를 가꾸는 게 아니라, 늘 아름다운 모습을 유지하도록 노력했으면 좋겠다.

상담내용

오랜만에 만난 친구 덕분에 소녀 시절의 모습을 떠올리게 된 B. 그동안 다이어트의 성과가 있어서 참 다행이다. 아무런 변화도 없이 예전 모습을 그리워하게 되면 오히려 더 스트레스가 됐을 수도 있기 때문이다. B는 과거에 입던 옷을 입고 날씬해진 몸매를 즐길 줄 아는 여자였다. 치료가 서서히 끝나가기 때문에, 앞으로 어떻게 살아갈지에 대한 밑그림을 그려 보았다.

 영화처방

<써니>

강형철 연출

유호정, 심은경, 강소라 주연

추천도 ★★★★★

가장 찬란한 순간에도, 빛을 잃은 지금도 '우리는 하나'

전라도 벌교에서 서울로 전학을 온 나미. 긴장하면 나오는 사투리 탓에 전학 첫날부터 '날라리'들의 놀림감이 된다. 당황한 나미의 앞에 범상치 않은 포스의 여자애들이 나타난다. 바로 진덕여고에서 제일 잘 나가고 가장 의리 좋은 육공주. 그들은 나미를 도와주고, 친구가 된다. 그들의 경쟁그룹 '옆 학교 소녀시대'와의 맞짱에서 나미가 할머니로부터 전수받은 살벌한 사투리 욕으로 친구들의 승리를 이끈다. 나미의 영입(?)으로 일곱 명이 된 친구들은, 언제나 함께 하자는 맹세로 '써니'를 결성한다. 써니는 학교축제에서 선보일 공연을 열심히 준비하지만, 축제 당일 뜻밖의 사고를 맞이하며 뿔뿔이 흩어지게 된다.

그로부터 25년 후, 돈 잘 버는 남편과 예쁜 딸을 둔 주부 나미. 하지만 그녀는 늘 2%가 부족한 듯하다. 그러던 어느 날 우연히 써니의 '짱'이었던 의리녀 춘화와 만나게 되는데 장소는 암병동. 시한부 인생인 춘화를 위해 이번에는 나미가 나선다. 항상 함께 있기로 했던 써니의 나머지 멤버들을 찾아 나서기로 결심한다.

가족에게만 매어 살던 일상에서 벗어나, 눈부셨던 어린 날의 우정을 떠올리며 친구들을 찾기 시작한다. 추억을 되짚으며 조금씩 과거와 만나게 되고, 가장 행복했던 순간의 자신과 만나게 된다.

 달콤한 인생을 위한 Tip

'여자의 인생은 다이어트의 연속'
5단계로 나누어본 여자의 다이어트

1단계

0세부터 7세까지의 소아기

어릴 적 식습관의 중요성과 '물'의 중요성이 강조되어야 한다. 소아비만은 식사제공자가 어떤 식단을 제공하고 입맛을 길들이는가가 큰 영향을 끼친다.

2단계

7세부터 17세까지의 사춘기

성장기인 소녀들의 식습관 역시 지방세포의 수를 결정하기 때문에 어떤 음식에 노출되고 있는가를 살펴볼 필요가 있다.

3단계

17세부터 35세까지

최고의 자유를 누리는 시기이다. 여자로서 몸을 관리하는 방법을 익히는 게 중요하다. 다이어트에 목숨을 거는 20대~30대 여성들, 무조건 체중만 감량하려 하지 말고 건강미 넘치는 모습을 위해 식이요법과 운동을 병행해야한다. 결혼 후에는 임신 전후 건강식에 신경 써야 한다.

4단계

35세부터 55세까지 중년기

젊었을 때 건강했던 몸과 체중을 유지하려고 노력하는 것만으로도 충분하다. 호기심과 젊음을 함께 유지하길.

5단계

55세 이후 갱년기와 노년기

'우아하게 나이 들기'를 목표로 삼아보자. 자신감과 자기만족으로 나이 든 모습을 받아들이고, 간소함과 건강으로 무장하자. 나이에 어울리는 외모와 몸매를 받아들이는 것이 아름다움을 유지하는 첫걸음이다.

HEALING

DIET

마지막주
진료실
엿보기

가만히 있어도 괜찮아

하늘이 높고 청명하다. 마치 가을하늘처럼 느껴지는 오후의 하늘이다. 매일 하늘을 올려다볼 여유가 있다면 참 행복한 사람이다. 갑자기 미국에서 대학원에 다니던 때가 생각났다.

가을이 느껴지는 오후이다. 9월만 되어도 서울의 하늘은 높고 푸르러진다. 하늘을 볼 여유를 가진 사람은 행복하다. 갑자기 미국에서 신학대학원을 다닐 때 도서관 뜰 앞에서 발견한 몇 개 달리지 않은 나뭇잎들을 사진에 담았던 기억이 난다.

　마지막 잎새.

침묵의 힘

"선생님, 저 이렇게 가만히 있어도 되는 걸까요?"

A의 질문을 듣고 적절한 대답을 찾지 못해 머뭇거렸다. 아니, 찾지 않았다는 것이 맞는 말인 것 같다.

"그 자리에 가만히 있다고 아무 일도 하지 않는 건 아니에요. A 씨는 처음에 상담을 시작했을 때도 느꼈지만, 항상 어떤 활동을 해야 한다고 느끼는 것 같아요. 때로는 아무 일도 하지 않고 그 자리에 붙박여 있는 것만으로도 내가 맡은 바를 다 하고 있다는 걸 잊지 말아요. 침묵도 때로는 훌륭한 대답이 될 수 있듯 말이에요. 타인과의 관계에서도 말없이 지켜보는 것으로 대신할 수 있는 일이 많잖아요. 사춘기 아이를 지켜봐주는 일, 아픈 사람 옆을 그저 지켜주는 일들 처럼요. 스스로 무엇을 해야 할지 모르거나, 아무 일도 하지 않아서 불안할 때 단편소설 '마지막 잎새'를 읽어 보세요. 소설 속 잎사귀는 지금까지 그래왔듯 가지에 매달려 있을 뿐인데, 그것만으로도 참 많은 생각을 하게 했잖아요. 자리를 지키는 것만 해도 몫을 다하는 거예요."

때로는 누군가 나에게 '아무것도 하지 않고 가만히 있어도 괜찮다'고 말해주길 간절히 바란다. 무엇인가 해야만 할 것 같은 심리적 부담은 일할 의욕을 부추기기보다 사람을 자꾸만 지치게 만든다.

"병원에 오기 전에 몸무게를 재봤는데, 1kg 정도 늘었더라고요. 치료를 꾸준히 받는데도 왜 그런 걸까요? 요즘 특히 날씬한 사람들만 눈에 보이는 것 같아요."
"아무래도 숫자에 영향을 많이 받게 되죠?"

울음이 섞인 A의 말투를 들으니, 나도 그 분위기에 휩싸일 것만 같았다. A가 앞에 앉은 나를 원망하는 것은 아니었다. 눈으로 보이는 숫자에 민감할 수밖에 없다는 것도 잘 안다. 다이어트를 위해 병원을 찾는 환자들의 가장 큰 특징은 작은 눈금 하나에 울고 웃는다는 점이다. 사회 전반적으로 외모에 대해 생각하는 이상적인 모습이 왜곡돼 있다 보니, 모두가 부러워하는 몸매인데도 늘 만족하지 못한 채 사는 경우가 많다.

어떤 실험에서 여대생들에게 두 장의 그림을 보여주었다. 한쪽에는 가늘고 긴 꽃병이, 다른 한쪽에는 배가 불룩한 모양의 꽃병이 그려져 있었다. 여대생들은 그림을 보기 전에 신체만족도에 대한 설문지를 작성했고, 그림을 본 뒤 그 설문지를 다시 돌려받았다. 원래 자신의 외모에 대해 불만족했던 여대생들은 가는 꽃병 그림을 보고난 뒤 우울함을 느꼈다. 반대로 자신의 몸매에 만족한 여대생들은 어떤 그림을 봐도 별다른 변화가 없었다.

트람페(네덜란드의 학자)는 꽃병 실험 외에도 다양한 연구를 통해 섭식장애는 눈앞에 보이는 '날씬한 모델'들 때문이 아니라는 사실을 증명했다. 여성이 잡지에 실린 모델과 아름다움을 경쟁하는 것은 '자존감' 때문이었다. 자존감이 낮은 여자는 모델, 영화배우, 예쁜 친구 등 여성들과 자신을 끊임없이 비교하고, 심지어 날씬한 꽃병을 보는 것만으로도 우울함을 느낀다는 결과이다.

"물론 자신의 체중에 완벽하게 만족하는 여자는 없을 거예요. 하지만 스스로 몸매에 만족하는 여성들은 모델, 연예인, 친구들과 자신을 비교하지 않는다고 해요."
"전 연예인은 당연하고, 친구들과도 자꾸 비교하게 돼요. 경쟁하는 것도 아니고……. 제 친구들은 다들 예쁘고, 날씬하거든요. 그런 친구들과 항상 어울리다보니 다이어트에 늘 쫓기는 기분이 들었어요. 애들 몰래 다이어트를 한 적도 많고. 그때 말씀드렸죠? 친구들 앞에서 억지로 많이 먹는다고……. 그래서 친구들을 만나는 게 편하지만은 않아요."

행복한 여성일수록 자신에 대한 평가가 높다는 연구결과가 끊임없이 나오고 있다. 어떤 분야에서든 자존감이 낮은 여성일수록 경쟁에 임하는 태도가 건강하지 못하고 비밀스러우며 파괴적이다. A의 친구들은 학창시절 때부터 미모로 유명했다고 한다. A는 그 안에 있어도 어디 하나 빠지지 않을 것 같은 '매력녀'

이지만, 자신이 제일 열등하다고 생각하며 스트레스를 받아온 것 같다. 함께 식사를 해도 자기만 먹는 대로 찌는 것 같아 즐겁지 않다. 마음속으로는 '미안, 다이어트 중이라 그만 먹을게'라는 말을 수백 번이라도 하고 싶지만 절대 입 밖에 내지 않는다. 자기가 다이어트 중이라는 것을 알리기 싫은 것이다. 왜 그녀는 다이어트에 신경 쓰지 않아도 타고난 덕에 날씬한 여자로 보이고 싶은 걸까. 처음 상담을 시작했을 때 들었던 생각이 또 머릿속에 떠올랐다.

자존감

"의사라서 하는 말이 아니라, A 씨는 충분히 매력적이에요. 같은 여자로서 부러운 게 참 많은데 정작 자신은 모르고 있어요. 상담을 진행하면서 다른 부분은 많이 편해진 것 같아 보기 좋은데, 그 문제만큼은 걱정이에요. 모자란 부분을 애써 찾으려하지 말고, 자신의 매력에 집중하려고 노력해 보세요."

"그래서 제가 피곤한가 봐요. 저도 저를 못살게 굴기 싫어요. 힘들거든요."

우리는 왜 있는 그대로의 모습을 받아들이지 못하고 끊임없이 몸부림치는 것일까? 자존감의 문제이다. 자존감은 안팎의 균형이 맞아야 한다. 스스로가 나를 높이 평가하는 것만큼, 동시에 다른 사람들로부터 인정을 받아야 한다. 반대로 스스로를 저평가하면 남들도 나를 높게 평가해주지 않는다. 스스로에게 후한 점수를 주지 못하는 사람일수록 다른 사람이 평가한 자신의 모습에 엄청난 스트레스를 받는다. 그리고 '자아상'은 점점 높아져만 간다. 결국 내가 정한 한없이 높은 기준에 미치지 못한 채, 지쳐 쓰러지게 되고 말 것이다.

"폭식을 하게 되는 상황들을 살펴보고 그로 인한 스트레스 관리를 잘 해주어야 해요. 그리고 A 씨를 위해 가장 중요한 것, 자기주장을 하는 연습을 열심히 하세요. 가끔 폭식을 할 때도 있겠지만, 지금 충분히 좋아지고 있으니까 너무 실망하지 마세요. 폭식은 누구나 다 하는 거예요, 아셨죠?"

"네, 알았어요. 근데 폭식은 스트레스 받을 만큼 긴장했다가, 그 긴장이 확 풀어지면 시작되거든요."

"어떤 일로 그렇게 긴장하나요?"

"회사일이죠, 뭐. 요즘 특히 바쁘거든요. 할 일은 끊임없이 많고, 업무에 허덕이다보면 하루를 어떻게 보냈는지도 모르겠어요. 상사랑도 잘 안 맞는 것 같고……. 가끔 상사들 입에서 내 이름이 나오면 신경이 쓰여서 일이 손에 안 잡힐 정도예요. 회사에서 뒷담화하는 직원들이 너무 짜증나요. 여자들도 문제지만 남자직원들 뒷담화가 더 무섭대요."

요즘은 여성들도 직장생활을 하는 게 당연한 시대이다. 남자뿐만 아니라, 여자들도 직장에서 하루의 대부분을 보낸다. 하기 싫은 일도 해야 하고, 마음이 맞지 않는 사람들과도 일을 해야 한다. A가 말한 것처럼 직장 내 '뒷담화'도 직장인 스트레스에서 빼놓을 수 없는 화두이다. 앞에서는 아닌 척, 뒤에서 수군거리는 게 스트레스 푸는 데는 참 좋다. 하지만 뭐든 적당해야 한다. 그 대상에게 상처를 줄만한 내용이라면 '뒷담화'로 귀엽게 넘어가 줄 수 없는 문제이기 때문이다.

요즘 직장인 스트레스 때문에 고통을 호소하는 사람이 점점 늘어나고 있다. 〈한국경제〉 신문에서 본 기사에 의하면, '직장인의 80% 이상이 출근하기 정말 싫다'고 생각하고 있다. 원인을 분석해 보면, 체면을 중시하고 뒤처지는 것을 부끄럽게 만드는 사회적 경쟁의식이 직장인을 좀처럼 쉴 수 없도록 내몰고 있기 때문이라고 한다.

점심시간에 정말 오랜만에 친구가 찾아왔다. 국내 굴지의 대기업에 다니는 친구이다.

"우주의 나이가 137억년인데, 인간의 한평생을 80으로 놓고 환산하면 지금 우리 나이는 찰나 같다고 할 정도로 짧은 순간에 불과하대. 근데 우리 몸에는 100조 개의 세포와 600조 개의 미생물이 살고 있는 또 하나의 우주잖아. 진짜 우주랑 비교하면 보잘 것 없겠지만, 우리 삶도 결코 만만한 게 아니야."

오랜만에 샌드위치를 먹으며 수다를 떠는 중에 나온 친구의 말이다. 대기업에 몸담고 있는 사람일수록 자아정체성에 대한 생각이 많아진다고 한다. 병원이 강남역 근처에 있다 보니, 대기업 직원, 임원들이 많이 찾는 편이다. 그들은 지금 직장에서 나가면 무엇을 해야 하는지에 대해 거의 매일 고민하는 것 같다. 지금까지 이룬 성과들이 대기업이라는 대단한 배경이 있기 때문에 할 수 있었던 일들처럼 느껴지기도 한다. 자리를 빼앗기면 아무것도 할 수 없는 보잘 것 없는 인간으로 전락할 거라는 공포. 이 공포가 일중독의 원동력이다.

"예전에는 회사에서 일 잘하는 사람이고 싶었는데, 상담을 하면서 퇴근 후 시간을 잘 보내고 싶어졌어요. 그래야 여유도 생기고 재충전도 될 것 같아요. 근데 웃긴 건 휴일에 아무것도 하지 않고 있으면 안절부절 못한다는 거예요. 아직 멀었나봐요."

"그런 생각을 했다는 것만으로도 큰 성과를 거둔 거예요. 아직 혼자 가만히 있는 연습이 안 되어서 그런 것 같아요. 혼자 있을 수 있는 힘을 기르면 충전은 쉽게 할 수 있어요."

"저도 계속 방법을 찾아봐야겠어요. 적극적으로 재미있게 즐길 수 있는 일도요."

놀 줄 아는 것, 쉴 줄 아는 것도 힘이다.

A가 결심한 듯 말을 했다.

"선생님, 저 이제 혼자 힘으로 해볼까 해요. 되도록 안 오려고 노력하려고요."

"그래요. 씩씩해졌네요. 좋아지고 있다는 걸 항상 잊지 말도록 해요."

"힘들면 다시 와도 되죠?"

"그럼요. 저는 항상 여기 있을 거예요."

나는 이별에 약하다. 매주 보던 얼굴을 못 본다고 생각하니 서운했지만, 강하고 씩씩해진 A가 대견스러웠다. 나와 함께 하는 동안 머리로 알게 된 깨달음은 그리 오래 가지 못할 것이다. 머릿속에 있는 것을 가슴 깊은 곳에 새기는 데 시간을 투자하기 바란다. 그렇게 한 번 새겨둔 것은 웬만해서는 사라지지 않을 테니.

마음건강주치의의 특별한 처방전

 마음건강주치의의 노트

A가 돌아간 후, 그녀가 처음 찾아왔던 때를 기억해본다. 긴장한 듯 보이는 눈썹, 불안한 눈빛, 앙다문 입술. 똑똑해보였지만, 그만큼 많이 지쳐보였었다. 체중감량과 폭식증 때문에 도움을 요청했던 그녀. 그녀의 문제는 그게 다가 아니었다. 나에게 마음을 열어주고, 많은 이야기를 털어놓아준 A에게 고맙다. 덕분에 그녀가 폭식증을 겪을 수밖에 없는 쓴 뿌리를 발견할 수 있었다. 내가 100% 치유해주었다고 할 수 없지만, 스스로 상처를 보듬을 수 있는 방법은 알려준 것 같아 다행이다. 앞으로 상처받지 않기를 바란다. 혹시 넘어져 무릎이 깨지더라도 씩씩하게 털고 일어나 연고를 바르고 밴드를 붙일 수 있었으면 좋겠다.

 독서처방

「 노는 만큼 성공한다 」
김정운 지음, 21세기북스

추천도 ★★★★☆

문화심리학자 김정운 교수가 제안하는 재미학

놀면 불안해지는 병에 걸린 한국인들. 한국은 왜 그들에게 쉬는 법을 가르쳐 주지 않았을까? 저자는 일하는 것은 세계 최고면서, 노는 것은 후질대로 후진 한국사회의 문제를 통렬하게 지적하고 있다. 주5일근무제가 본격적으로 실시되고, 휴식과 여가에 대한 관심이 높아만 간다. 그러나 정작 노는 시간을 줘도 '잘' 놀지 못하는 한국인들.

늘어난 여가시간을 개성 있게 즐기지 못하기에 '놀면서도 불행한' 사람들. '무슨무슨 휴식의 기술', '무슨무슨 휴가 가이드북' 등은 도움이 되지 않는다. 절대 해결되지 않는다. 사람의 내면에서부터 재미와 행복, 휴식의 심리학적 가치, 노는 것에 대한 철학적 의식이 정립되어야만 진정한 휴식과 여가를 즐길 수 있다.

에듀테이너, 휴테크 전도사라는 별명을 가진 창의적인 김정운 교수가 말하는 '잘 노는 법'에 대한 책이다.

목요일의 여자 B

나의 장례식을 그려 보자

몇 년 전, 미국에서 지낼 때의 일이다. 내 생애 첫 번째 유언장을 써내려갔다. 그 유언장을 친한 사람들에게 이메일로 보냈더니, '무슨 일이 있는 줄 알았다'며 버럭 화를 내기도 했다. 비교적 어릴 때, 죽음으로 인해 아끼던 이들과 이별을 겪어야 했다. 그때부터 죽음에 대해 생각이 많아진 것 같다. 특히 당시에는 타지에 있다 보니 생각이 많아졌다. 갑자기 누구에게나 다가오는 죽음이기에, 나의 장례식을 차근차근 준비해 보고 싶었다.

앞으로 죽음의 순간까지

'나는 84세가 되는 해, 그러니까 2054년 3월 22일 오후 자연사로 평온하게 죽고 싶다'

이런 글귀를 적으면서 나이를 만으로 적어야하는지 고민했던 것을 생각하면 지금도 웃음이 나온다. 내가 세상을 떠날 때, 내 곁에는 남편과 딸아이 하나가 있었으면 좋겠다고 생각했다. 그리고 그때까지 살아있는 나의 주변사람들이 장례식에 찾아와 '영광일세'라는 찬송가를 불러주었으면 좋겠다. 장례식장은 하얀 국화가 아닌, 파스텔톤 장미들로 화려하게 장식하면 어떨까? 슬프고 서늘한 장례식이 아니라, 내가 어떤 사람이었는지에 대해 유쾌하게 대화가 오가는 밝은 의식이 되길 바란다. 그리고 비석에는 잠언 31장에 나오는 '현숙한 여인'이라는 단어가 새겨졌으면 좋겠다.

"체중이 벌써 10kg 가까이 빠져서 주변에서 난리에요. 대체 어떻게 뺐냐고. 남편도 알아보기 시작했어요. 어제는 점점 예뻐진다며 능글맞은 소릴 하지 뭐예요. 선생님 덕분이에요. 정말 고마워요."

"앞으로가 더 기대되지 않으세요? 요즘 여자 평균 수명이 90세 가까이 된다는데, 이제 절반 사셨잖아요. 지금 다이어트 성공한 걸로 시작해서 좋은 일 계속 생길 거예요."

"그런 말씀마세요. 듣기만 해도 끔찍해요. 전 딱 70까지만 살다 가고 싶어요. 늙어서 무슨 낙으로 살겠어요? 깔끔하게 잘 죽는 것도 복이라던데."

"그럼 오늘은 죽음에 대해서 이야기해볼까요? 앞으로 남은 인생을 어떻게 살고 싶은지에 대해서도요."

죽음은 왠지 무겁고, 우울한 주제일 것 같지만 꼭 그렇지만도 않다. 누구나 무서워하지만, 언젠가는 겪어야할 일, 죽음. 죽음에 대한 대화는 두려움을 덜고, 죽음과 친해질 수 있도록 돕는 시간인 것 같다. 사실 나도 죽음에 대해 생각하면 무서워질 때가 있다. 사람이 생활하는 모습을 통해 죽는 순간을 예측할 수 있다는 말을 들은 적이 있는데, 그때 정말 소름이 끼치도록 무서웠다. 요절하는 사람, 암에 걸려 죽는 사람들을 보면 공통점을 찾을 수 있다고 한다. 그렇다면 우리의 죽음도 어느 정도 예측할 수 있다는 것일까? 현재 자신의 생활 패턴이 과거, 현재, 미래의 삶을 결정한다는 이론이 실제로 모습을 드러내는 순간이다.

이런 생각을 하다 보면, 과연 나는 왜 살고 있는지, 지금까지 살아온 인생은 과연 내가 원하던 모습이었는지, 앞으로도 이렇게 살아가면 되는지 등의 질문이 머릿속에 가득 찬다.

"이 나이에 하고 싶은 일이 뭐가 있겠어요? 그냥……, 보통 우리 나이에는 건강과 젊음을 어떻게 유지할까에 대해 많이 고민해요. 갱년기잖아요."

"확실히 몸도 예전과는 다르죠?"

보통 중년기를 40대로 생각하지만, 요즘은 35세부터 65세로 넓게 보는 편이다. 청소년기에 자아정체성 확립이 잘 되지 않았거나, 사회적인 성공을 빨리 이룬 경우, 중년의 위기는 30대에도 찾아올 수 있다. 갱년기는 인생의 후반에 진입하기 직전의 신호이며, 자신의 인생목표와 우선순위를 재평가하고 남은 인생을 준비하는 기준으로 삼으면 될 것 같다.

특히 자녀가 많이 성장하여 더 이상 엄마의 손길을 필요로 하지 않는 시기가 찾아오면, 자신의 역할과 위치에 대한 회의가 찾아온다. 인생을 헛살았다는 기분과 허무함, 무엇을 해도 재미를 느낄 수 없는 권태로움이 대표적인 예이다. 이럴 때일수록 자신이 살아있다는 것을 느끼고, 아직 젊다는 생각을 해야 한다.

"살 빠지고 제일 좋은 건 젊어 보인다는 말을 듣는 거예요. 나이보다 젊게 보이고 싶은 건 누구나 똑같잖아요. 나이보다 젊게 보이는 스타일을 따라하게 되고, 안 치던 골프도 시작했어요. 자기최면 같긴 하지만, 아직 그리 나이 들지 않았다는 생각이 들더라고요."

"맞아요. 제가 보기에도 많이 예뻐지고 젊어졌어요. 노력하고 활동량을 늘이다 보니 체중도 더 잘빠진 것 같아요. 이유가 다 있다니까요."

"살이 빠지니까, 건강을 챙겨야겠다는 생각이 들더라

고요. 예전엔 뚱뚱하게 보이지 않으려는 생각만 들었는데……. 원하는 것을 성취하고 나니까 조금씩 현실적인 것들이 눈에 들어오더라고요. 주변에서 갑자기 건강을 잃고 누워있는 친구들도 생기고, 병으로 떠났다는 소식도 들려오고……. 진짜 건강이 최고인 것 같아요."

"적당한 시기에 체중감량을 결심하신 것 같아요. 정말 잘한 일이죠. 갱년기에 날씬해지고 건강도 챙기셨잖아요. 또 어떤 게 좋으셨어요?"

"요즘 딸한테 덜 짜증내는 절 발견했어요. 내 생활이 생기고, 자신감이 생기니까 집착을 안 하게 되나 봐요. 잔소리를 하려다가도 '다 큰 애들인데……' 하는 생각이 들더라고요. 사실 잔소리 듣고 싶어 하는 사람이 어디 있겠어요? 엄마만 소외시킨다고 섭섭해 할 게 아니라, 함께 있고 싶은 엄마가 먼저 되어야겠다고 생각했어요. 늘 불평하고 불만에 가득 차 있으면 누구도 옆에 있기 싫잖아요."

내가 B에게 가장 해주고 싶었던 충고와 위로가 바로 이것이었다. 정말 많이 변했다. 훌륭한 학생을 보는 것 같은 기분이 이럴까?

'늙음'의 미학

"맨날 '나 늙었나봐' 이렇게 말하면 정말 축축 늘어지고 늙는 기분인데 마음가짐을 바꾸니까 몸도 마음도 가벼워지는 것 같아요."

"생각 잘 하셨어요. 그렇지만 나이 든다는 게 모든 면에서 부정적인 건 아니에요. 60대 중반 사람들을 대상으로 조사했더니, '10년 전 삶과 비교했을 때 인생의 만족도가 높아졌다'는 결과가 나왔대요. 인생을 큰 그림으로 보면, 중년기가 오히려 삶의 질이 높은 시기라는 거죠. 지금 우린 굉장히 좋은 시기를 살고 있어요."

"생각해 보니 그러네요. 젊을 때에 비해 안으로나 밖으로나 많이 여유롭고……. 하긴, 다시 20대로 돌아가라고 한다면 전 싫을 것 같아요."

인생의 목표를 점검하며 과거의 잘못에 대해 반성하고, 가족과 주변 사람들을 소중하게 여기는 시기라니, 얼마나 좋은 나날들인가. 젊을 때의 혈기로 이기적으로 살았던 삶, 잘못된 가치관, 비뚤어진 사고방식이 있다면 정비하고 갈 수 있는 시기라는 것이다. 과거에 집착하고, 현재 자리에 연연했던 에너지를, 중년의 멋을 찾는 데 쓰면 더할 나위 없이 훌륭한 노년기를 맞이할 수 있을 것이다. 외모뿐만 아니라 내면의 성숙과 경험에서 우러나온 지혜는, 젊음이 줄 수 없는 '그들만의 보석'이다.

"선생님, 제가 어제 들은 웃긴 이야기 해드릴까요? 나이 대별로 다른 매 맞는 남편들 이야기인데요. 40대는 채널 돌린다고 맞고, 50대는 어디 가는지 물었다고 맞고, 60대는 밥 달라고 했다가 맞고, 70대는 자꾸 말시킨다고 맞고, 80대는 아침에 눈 떴다고 맞는대요."

"정말 웃기긴 한데, 남편들 생각하니 불쌍하고 씁쓸하네요."

"그러게요. 젊어서는 돈 버는 기계처럼 살아왔는데, 나이 들어서 구박당하면 얼마나 불쌍해요? 미우나 고우나 연민이 느껴지는 게 부부인가 봐요."

멋지게 나이 들어가는 법은 부부가 함께 배워야 한다. 남편과의 대화는 중년기 여성에게 무엇보다 소중한 것이다.

"남편은 아직 회사에 다니고, 여전히 바쁘니까 내 생활을 적극적으로 찾아야겠다는 생각이 들어요. 하고 싶은 일도 조금 생겼고……."

"그게 뭔데요?"

"음……. 일단 교회에서 봉사를 좀 해 보려고요. 직장에 다니는 건 힘들겠지만. 교회에서도 할 일이 많아서 손길이 필요하거든요. 그리고 어릴 때 친구를 만난 김에 다시 문학소녀들로 돌아가 볼까 해요. 어제도 친구랑 만나서 수다를 떨었는데, 그냥 책만 읽지 말고, 문학써클을 만들어 보면 어떻지 얘기가 나왔어요. 쓰고 싶은 글을 써서 같이 읽어보고 칭찬도 해주고, 단점을 보완해주고. 생각만 해도 설레요."

한때, 나는 강호동의 〈무릎팍도사〉라는 예능 프로그램을 아주 좋아했었다. 출연자를 괴롭히듯 이끌어가는 대화이지만, 늘 마지막에 격려를 잊지 않았기 때문이다. 특히 강호동이 힘껏 소리를 지르면서 출연자에게 '기'를 팍! 팍! 넣어주는 장면이 참 좋았다. 나도 내 앞에 앉아있는 B와 함께 길다면 긴 시간동안 아픈 이야기도 많이 하고, 난처한 질문도 많이 했지만 마지막으로 그녀에게 기를 넣어주고 싶다. 그녀가 앞으로 더욱 더 행복하길 기도할 것이다.

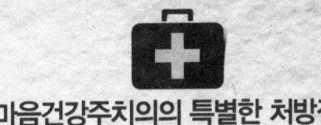

마음건강주치의의 특별한 처방전

 마음건강주치의의 노트

B의 중년기는 더 이상 '스트레스와 갈등, 우울'로 정의되지 않을 것이다. 누구든 갱년기로 인해 몸이 예전 같지 않고, 마음이 우울하다면 사고의 전환을 해야 할 때라고 생각하길 바란다. 그리고 신나게 즐기고, 마음껏 기대하라! 청년기에서는 누릴 수 없었던 인생의 멋과 여유가 기다리고 있으니!

 독서처방

「죽을 때 후회하는 스물다섯가지」

오츠 슈이치 지음

황소연 번역

21세기북스

추천도 ★★★★★

첫 번째 후회, 사랑하는 사람에게 고맙다는 말을 많이 했더라면

두 번째 후회, 진짜 하고 싶은 일을 했더라면

세 번째 후회, 조금만 더 겸손했더라면

네 번째 후회, 친절을 베풀었더라면

다섯 번째 후회, 나쁜 짓을 하지 않았더라면

여섯 번째 후회, 꿈을 꾸고 그 꿈을 이루려고 노력했더라면

일곱 번째 후회, 감정에 휘둘리지 않았더라면

여덟 번째 후회, 만나고 싶은 사람을 만났더라면

아홉 번째 후회, 기억에 남는 연애를 했더라면

열 번째 후회, 죽도록 일만 하지 않았더라면

열한 번째 후회, 가고 싶은 곳으로 여행을 떠났더라면

열두 번째 후회, 고향을 찾아가 보았더라면

열세 번째 후회, 맛있는 음식을 많이 맛보았더라면

열네 번째 후회, 결혼했더라면

열다섯 번째 후회, 자식이 있었더라면

열여섯 번째 후회, 자식을 혼인시켰더라면

열일곱 번째 후회, 유산을 미리 염두에 두었더라면

열여덟 번째 후회, 내 장례식을 생각했더라면

열아홉 번째 후회, 내가 살아온 증거를 남겨두었더라면

스무 번째 후회, 삶과 죽음의 의미를 진지하게 생각했더라면

스물두 번째 후회, 건강을 소중히 여겼더라면

스물세 번째 후회, 좀 더 일찍 담배를 끊었더라면

스물네 번째 후회, 건강할 때 마지막 의사를 밝혔더라면

스물다섯 번째 후회, 치료의 의미를 진지하게 생각했더라면

여기서 잠깐, 스물여섯 번째 후회!
이 책을 읽고도 내가 시간을 내서 지키지 못했다는
후회를 하지 않도록 하자!^-^

 나의 장례식

| 유서 작성해보기

| 내가 꿈꾸는 나의 장례식을 구체적으로 그려 보자

HEALING

DIET